SPACE SAVERS
GAGNER DE L'ESPACE
PLATZ SPAREN
RUIMTE BESPAREN

© 2010 booQs publishers bvba
Godefriduskaai 22
2000 Antwerp
Belgium
Tel.: +32 3 226 66 73
Fax: +32 3 226 53 65
www.booqs.be
info@booqs.be

ISBN: 978-94-60650-406
WD: D/2010/11978/041
(Q059)

Editorial coordinator: Simone K. Schleifer
Editorial coordinator assistant:
Aitana Lleonart
Editor & texts: Àlex Sánchez Vidiella
Art direction: Mireia Casanovas Soley
Design and layout coordination:
Claudia Martínez Alonso
Cover layout: María Eugenia Castell Carballo
Layout: Cristina Simó, Yolanda G. Román
Translation: Cillero & de Motta
Cover photo: © Fusiontables / Aramith-
Armand billiards Group

Editorial project:

LOFT publications
Via Laietana, 32, 4.º, of. 92
08003 Barcelona, Spain
Tel.: +34 932 688 088
Fax: +34 932 687 073
loft@loftpublications.com
www.loftpublications.com

Printed in China

SPACE SAVERS
GAGNER DE L'ESPACE
PLATZ SPAREN
RUIMTE BESPAREN

booQs

Given the high cost of land in cities or the need people have to live in urban areas, the trend of acquiring apartments of reduced dimensions is being consolidated. Architectural practices and interior designers are responding to this by seeking formulas to satisfy those needs.

How can one make the most of habitable space? This is a question posed by owners, architects, designers and interior designers. Intelligent arrangements of the spaces, materials and furnishings in a home are their responses and the keys to finding the best use for limited floor space. Likewise, there is no need to renounce comfort or convenience when designing a habitable and efficient space.

The images and texts contained in this book are given as examples, resources, and ideas for satisfying the needs of the occupants of these new-generation homes. This book comprises two large sections containing a wide range of projects and a large number of products that offer space-saving solutions. It provides examples of wall claddings applied to homes to achieve better views, light-absorbing natural and synthetic textures, and lighting and color to transform interiors by giving them a sense of space and changing states of mind. Other means of doing this are with multi-purpose furnishings and intelligent technology—equipping a home to make its size perceptibly larger.

Du fait du prix élevé du mètre carré ou bien de la nécessité de vivre dans les agglomérations urbaines, la tendance à acheter des appartements de dimensions réduites se consolide. Les cabinets d'architecture et les décorateurs d'intérieur qui recherchent des formules pour répondre à ces besoins se font l'écho de cette nouvelle tendance.

Comment profiter au maximum de l'espace habitable ? Voilà une question que se posent les propriétaires, architectes, designers et décorateurs d'intérieur. Lorsqu'il s'agit de tirer le meilleur parti de quelques mètres carrés, les interventions intelligentes en termes de disposition des pièces de la maison, matériaux et mobilier sont les réponses et les facteurs clés. De plus, il n'est pas nécessaire de renoncer au confort ou à la praticité pour créer un espace habitable et efficace.

Les images et les textes de ce livre sont présentés comme des exemples, des ressources et des idées pour répondre aux besoins des habitants de ces maisons de nouvelle génération. Ce livre regroupe deux grands blocs composés d'une large palette de projets et d'un grand nombre de produits qui présentent des solutions pour gagner de la place. Des exemples de revêtements appliqués dans les maisons pour obtenir plus de profondeur visuelle, des textures naturelles ou synthétiques qui absorbent la lumière, l'éclairage et la couleur qui transforment les intérieurs pour apporter d'autres dimensions et changer les états d'âme. D'autres types d'interventions sont possibles, comme l'installation de mobilier multi-usages et la technologie intelligente, c'est-à-dire en fin de compte un équipement qui contribue à augmenter de manière perceptible les mètres carrés de la maison.

Aufgrund der steigenden Quadratmeterkosten und der Notwendig-
keit, in städtischen Großräumen zu wohnen, wird der Trend, kleine
Wohnungen zu erwerben, immer stärker. Architekturbüros und
Innenraumgestalter gehen auf diese Entwicklung ein und suchen
nach Lösungen, die diese Bedürfnisse befriedigen.

Wie kann man Wohnraum maximal ausnutzen? Dies ist eine
Frage, die sich Wohnungseigentümer, Architekten, Designer
und Innenarchitekten gleichermaßen stellen. Wohl überlegte
Umgestaltungen der Raumaufteilung, intelligente Material- und
Möbelauswahl los materiales sind die Schlüsselfaktoren, wenn
es darum geht, das Beste aus einer begrenzten Wohnfläche
herauszuholen. Und man muss keineswegs auf Komfort und
Wohnlichkeit verzichten, um einen effektiv genutzten Wohnraum zu schaffen.

Die Fotos und Texte in diesem Band sind Beispiele für Ideen, die die Bedürfnisse der Bewohner der gezeigten Wohnungen der neuen Generation erfüllen. Das vorliegende Werk umfasst zwei große Kapitel, die eine breit gefächerte Auswahl an Projekten und zahlreiche Platz sparende Produkte vorstellen: Beispiele für Wandverkleidungen, die den Eindruck von Weite vermitteln; natürliche und synthetische Texturen, die Licht schlucken; Licht und Farbe, die Wohnumgebungen verwandeln und stimmungsaufheiternd wirken. Ein weiterer Lösungsweg besteht in der Nutzung von multifunktionalem Mobiliar und intelligenter Technologie, d. h. die Ausstattung der Wohnung mit Elementen, die die Quadratmeterzahl wahrnehmbar erhöhen.

Door de hoge grondkosten of de noodzaak om in stadsagglomeratie te wonen, bestaat er een tendens om kleine woningen te kopen. Deze nieuwe trend wordt verbreid door architectenbureaus en binnenhuisarchitecten die op zoek zijn naar formules om te voorzien in deze behoeften.

Hoe kan de bewoonbare ruimte maximaal worden benut? Dit is een vraag die eigenaars, architecten, designers en binnenhuisarchitecten stellen. Het op intelligente wijze indelen van de verschillende ruimtes van het huis, de materialen en het meubilair zijn de antwoorden en sleutelfactoren om optimaal gebruik te maken van de geringe vierkante meters. Bovendien mag niet worden ingeboet aan comfort noch aan het gerief om een bewoonbare en efficiënte ruimte te creëren.

De foto's en teksten in dit boek worden als voorbeelden, hulpmiddelen en ideeën gepresenteerd om te voorzien in de behoeften van de bewoners van deze moderne woningen. In dit boek worden twee grote blokken gegroepeerd die bestaan uit een enorm scala van projecten en uit een groot aantal producten die oplossingen laten zien om ruimte te besparen. Voorbeelden van bekledingen toegepast in de huizen om visuele ruimte te winnen; natuurlijke of synthetische texturen die het licht absorberen; de verlichting en de kleur die het interieur transformeren om voor verschillende dimensies te zorgen en gemoedstoestanden te veranderen. Andere manieren om op de ruimte in te spelen is het gebruik van multifunctionele meubels en intelligente technologie, kortom een inrichting die bijdraagt aan het waarneembaar uitbreiden van de vierkante meters van de woning.

MeBox boxes. In the numbered boxes a grid of preperforated holes lets us create a personal coding system for boxes.

Boîtes MeBox. Dans les boîtes numérotées, un quadrillage de trous perforés nous permet de créer un système personnel de codes pour les boîtes.

Schachteln MeBox. Das Raster aus vorgestanzten Löchern ermöglicht die individuelle Gestaltung dieser nummerierten Schachteln mit eigenen Codes.

MeBox. Met de genummerde boxen kunnen we dankzij een patroon van geperforeerde gaten een persoonlijk codesysteem voor boxen creëren.

A metal sheet, mounted horizontally or vertically on the wall, can provide many storage possibilities as the boxes are held in position magnetically.

Une plaque de métal fixée au mur, horizontalement ou verticalement, peut offrir de nombreuses possibilités de rangement puisque les boîtes tiennent grâce à des aimants.

Ein horizontal oder vertikal an der Wand angebrachtes Stahlblech bildet die Basis für eine Vielzahl von Aufbewahrungsmöglichkeiten: Boxen mit magnetischer Rückseite haften daran in jeder gewünschten Position.

Een metalen plank, die horizontaal of verticaal aan de muur gemonteerd wordt, biedt zeer veel opbergmogelijkheden, aangezien de dozen magnetisch op hun plaats worden gehouden.

More than just a wardrobe, this is also a key-holder, mirror, memo-board and children's coat rack all in one system, which provides extra storage space for everyday accessories and at the same time simplifies and organizes the entrance area.

Plus qu'une simple penderie, il s'agit d'un système tout en un comportant porte-clés, miroir, pense-bête et portemanteau pour enfant. Il offre des espaces de rangement supplémentaires pour les accessoires de tous les jours tout en simplifiant et en organisant l'entrée.

Mehr als nur eine Garderobe: Schlüsselboard, Spiegel, Memo-Board und Kindergarderobe in einem. Dieses Design bietet Stauraum für den täglichen Kleinkram und sorgt für Ordnung im Eingangsbereich.

Meer dan alleen een kledingkast, is dit ook een sleutelhouder, een spiegel, memo-board en kinderkledingrek, dit allemaal in één systeem, dat extra bergruimte biedt voor alledaagse accessoires en dat tegelijkertijd de entree eenvoudiger maakt en beter organiseert.

www.moormann.de

This light, graceful and handy writing stand can be placed against almost any wall or shelf, offering a surface space that is large enough for a telephone, for example, or for jotting something down.

Ce support léger, élégant et pratique peut être placé contre presque n'importe quel mur ou étagère, offrant une surface suffisamment large pour y poser un téléphone, par exemple, ou pour prendre des notes.

Ein filigranes und handliches Stehpult, das an nahezu jede Wand und jedes Bücherregal angelehnt werden kann. Die Ablage bietet Platz für das Telefon und lädt zum Notieren vor Ort ein.

Deze lichte, grappige en handige schrijfsteun kan tegen bijna alle muren of planken worden gezet en biedt een oppervlakte die groot genoeg is voor bijvoorbeeld een telefoon of om iets op te schrijven.

www.moormann.de

Le Corbusier
Left: Thanks to its lightness this
table, in birch veneer, can be folded
and stored away easily.
Right: "It seems justified to affirm:
the more cultivated a people
becomes, the more decoration
disappears." (Le Corbusier)

Le Corbusier
À gauche : Grâce à sa légèreté,
cette table en placage de bouleau
peut être pliée et rangée très
facilement.
À droite : « Il semble juste
d'affirmer : plus un peuple se
cultive, plus le décor disparaît. »
(Le Corbusier)

Le Corbusier
Links: Dieser Tisch aus
Birkensperrholz lässt sich
dank seines geringen
Gewichts mit einem Handgriff
zusammenklappen und
aufbewahren.
Rechts: „Es scheint gerechtfertigt,
zu behaupten: Je kultivierter
ein Volk wird, desto mehr
verschwindet Dekoration."
(Le Corbusier)

Le Corbusier
Links: Dankzij zijn lichte gewicht
kan deze berkenhouten tafel
eenvoudig worden ingeklapt en
opgeborgen.
Rechts: "Het lijkt gerechtvaardigd
om te beweren: hoe beschaafder
iemand wordt, hoe meer de
decoratie verdwijnt."
(Le Corbusier)

www.moormann.de (left)
www.pallucco.net (right)

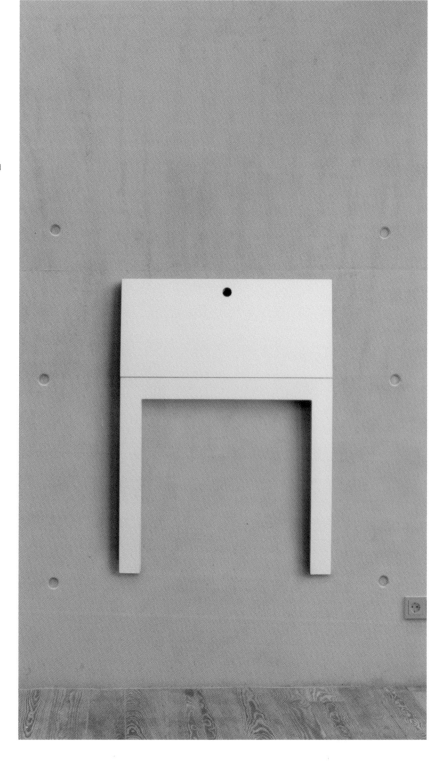

Trays are randomly inserted into a wall panel, so that each shelf system has its own unique look. This shelf provides an attractive place not just for books, but also for anything else that requires a special place on the wall.

Des plateaux sont disposés au hasard sur un panneau, de façon à ce que le système d'étagère ait un aspect unique. Cette étagère offre un espace élégant, pas seulement pour les livres, mais pour tout autre objet ayant besoin d'un emplacement spécial sur le mur.

In ein Wandpaneel werden Tablare in beliebiger Anordnung eingesteckt. Somit ergibt sich für jedes Regal ein eigenes Bild. In diesem Regal sind nicht nur Bücher gut aufgehoben, sondern auch alle anderen Dinge, denen ein Ehrenplatz an der Wand eingeräumt werden soll.

De planken zijn lukraak in een wandpaneel gestoken zodat elk plankensysteem er uniek uitziet. Deze boekenplank is een aantrekkelijke opbergplaats, niet alleen voor boeken, maar ook voor andere dingen die een speciaal plaatsje aan de muur verdienen.

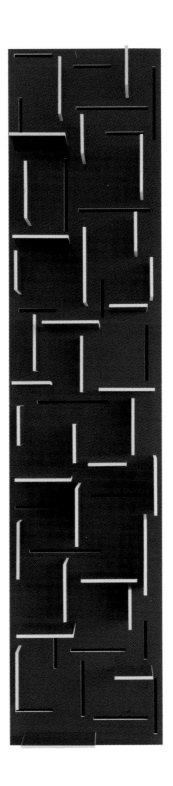

Intended as a bedside lamp, this curved, powder-coated metal sheet can hang on the left or the right of the bed. Mounted on the wall, it serves both as a lamp and a bedside table. The pre-assembled light fitting just slots in.

Conçue comme lampe de chevet, cette plaque de métal courbée et poudrée peut être suspendue à gauche ou à droite de votre lit. Accrochée au mur, elle peut servir à la fois de lampe et de table de chevet. L'installation lumineuse pré-assemblée s'encastre parfaitement.

Dieses gebogene, pulverbeschichtete Stahlblech kann links oder rechts neben dem Bett aufgestellt oder an der Wand angebracht werden und dient als Nachttisch mit integrierter Leseleuchte. Der vormontierte Beleuchtungskörper wird einfach eingeschoben.

Deze bedlamp, uitgevoerd in gebogen, gemoffeld metaal, kan zowel aan de linkerkant als aan de rechterkant van het bed worden opgehangen. Aan de muur gemonteerd doet het dienst als lamp, maar ook als nachtkastje. De voorgebouwde lamp past er eenvoudig in.

© Andreas Velten (right)
© Thomas Koy (left)
www.julianappelius.de

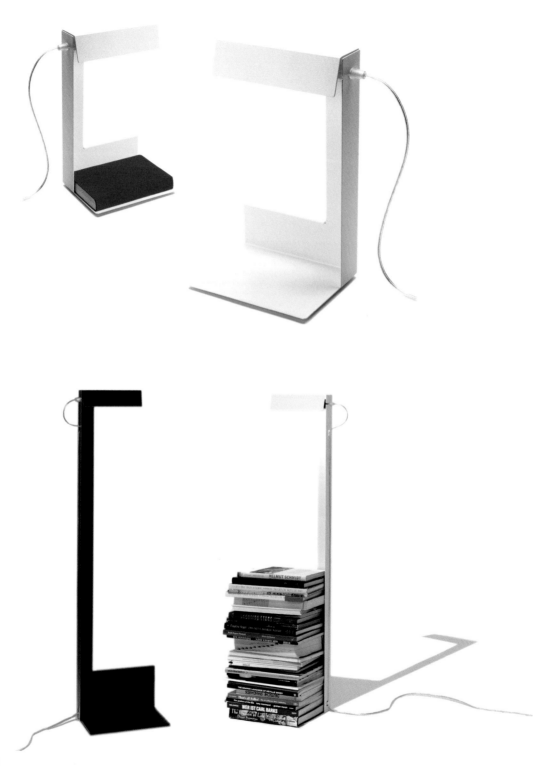

This workstation unit meets all the demands of work, allowing possible additions while taking up minimum space. The moveable shelves come in different sizes to accommodate a desktop computer, a video screen and a printer. A special container holds the tower, CDs, paper and documents.

Ce poste de travail répond à toutes les exigences du travail, laissant la place à de possibles ajouts tout en occupant un espace minimum. Les étagères mobiles sont vendues en différentes tailles afin de pouvoir accueillir un ordinateur de bureau, un écran et une imprimante. Un emplacement spécifique est réservé à la tour, ainsi qu'aux CD, papiers et documents.

Dieser Arbeitsplatz erfüllt sämtliche Anforderungen für das effektive Arbeiten und erlaubt diverse Erweiterungen, die allesamt äußerst Platz sparend sind. Die beweglichen Regalböden sind in verschiedenen Größen erhältlich und bieten Platz für Computer, Bildschirm und Drucker. Ein spezieller Container beherbergt den Tower, CDs, Papier und Dokumente.

Deze werkeenheid voldoet aan alle eisen, dankzij de extra mogelijkheden die worden geboden terwijl hij minimale ruimte inneemt. De beweegbare planken hebben verschillende afmetingen om een computer, een scherm en printer op te plaatsen. Een speciale container bevat de toren, CD's, papieren en documenten.

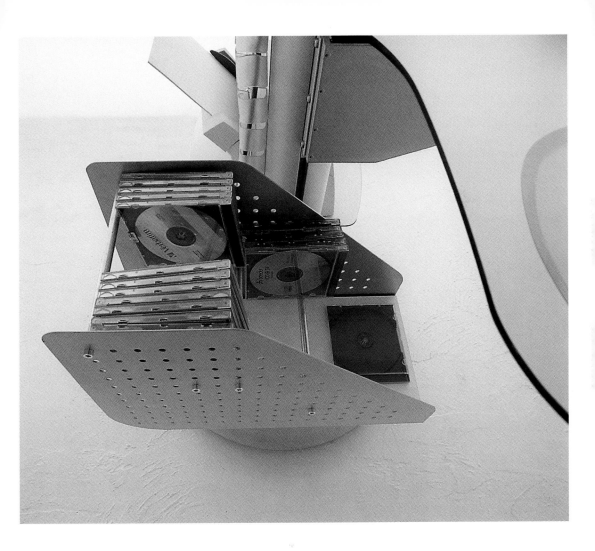

Highly individual, this compact desk made of gray lacquered steel includes a drawer, space for CD and paper storage and a rear cable outlet. The design is both simple and contemporary.

Extrêmement personnel, ce bureau compact en acier gris laqué comporte un tiroir, un rangement pour CD, un emplacement pour le papier et une sortie de câble à l'arrière. Son design est à la fois simple et contemporain.

Dieser besonders kompakte Tisch aus grau lackiertem Stahl umfasst eine Schublade, Stauraum für CDs und Papier sowie eine Kabelführung auf der Rückseite. Das Design ist einfach und gleichzeitig zeitgenössisch.

Dit zeer persoonlijke compacte bureau, uitgevoerd in grijs gelakt staal omvat een lade, opbergruimte voor CD's en papieren en een uitgang voor snoeren aan de achterkant. Het ontwerp is zowel eenvoudig als eigentijds.

www.bellato.com

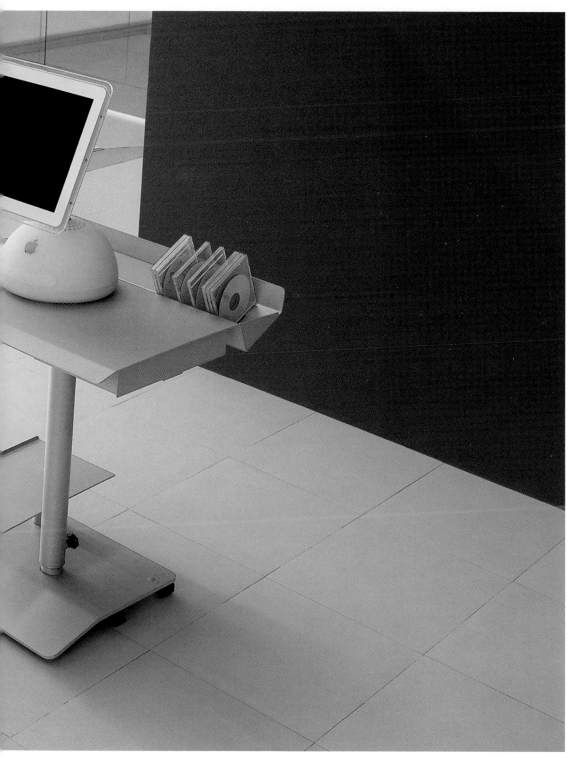

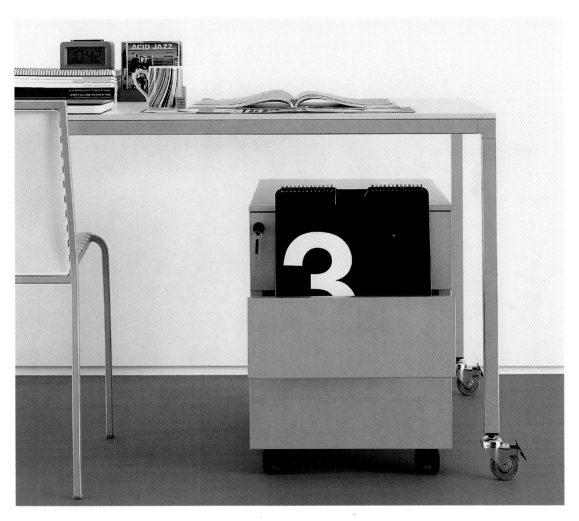

Formal rigor, technological research and impeccable execution characterize the design of this unique collection. A specific range of accessories is incorporated for a truly functional desk.

Rigueur formelle, recherche technologique et fabrication impeccable caractérisent le design de cette collection unique. Elle comporte également une gamme spéciale d'accessoires pour un bureau vraiment fonctionnel.

Formale Strenge, technologische Forschung und eine einwandfreie Ausführung kennzeichnen das Design dieser einzigartigen Kollektion. Eine Auswahl von speziell abgestimmtem Zubehör macht den Tisch zu einem höchst funktionalen Arbeitsplatz.

Formele accuratesse, technisch onderzoek en een onberispelijke uitvoering zijn kenmerken voor het ontwerp van deze unieke collectie. Een specifieke reeks accessoires is ingebouwd voor een echt functioneel bureau.

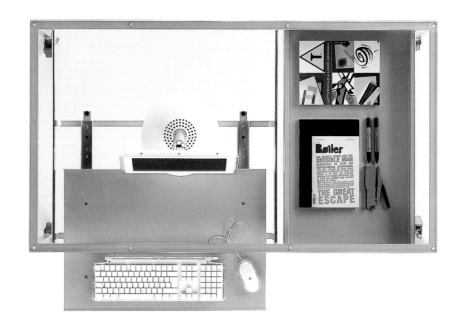

This simple, elegant storage system for kitchen utensils consists of panels which are subdivided into individual modules designed for specific uses and to accommodate various objects. The dimensions of the panels follow a specific system to ensure that every individual panel and the number of modules fit together.

Ce système de rangement pour cuisine simple et élégant consiste en un ensemble de panneaux subdivisés en de petits modules conçus pour un usage spécifique tout en pouvant s'accommoder à divers objets. Les dimensions des panneaux suivent un système rigoureux de façon à ce que chaque panneau et le nombre de modules coïncident parfaitement.

Dieses einfache und gleichzeitig elegante Aufbewahrungssystem für Küchenutensilien besteht aus diversen Paneelen, die in einzelne Module gegliedert sind und bestimmte Gegenstände an ihrem Platz halten. Die Maße der Paneele folgen einem System, um sicherzustellen, dass jedes Paneel und die Anzahl der verwendeten Module zusammenpassen.

Dit eenvoudige, elegante opbergsysteem voor keukengerei bestaat uit panelen die zijn onderverdeeld in individuele modules voor specifiek gebruik en om verschillende voorwerpen in op te bergen. De afmetingen van de panelen volgen een specifiek systeem, zodat wordt gegarandeerd dat elk individueel paneel en het aantal modules in elkaar passen.

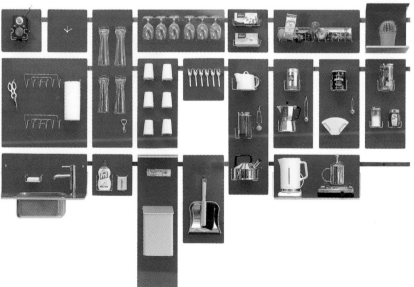

www.moormann.de

These polyethylene containers give a touch of color to a minimalist bathroom and can be used both as storage equipment and seats thanks to their specially designed lids.

Ces rangements en polyéthylène ajoutent une touche de couleur à une salle de bain minimaliste et peuvent aussi bien être utilisés pour y ranger des choses que pour s'asseoir, grâce à leur couvercle prévu à cet effet.

Diese Behälter aus Polyäthylen verleihen minimalistisch eingerichteten Badezimmern einen Farbtupfer und können als Aufbewahrungslösung sowie dank des speziell geformten Deckels als Hocker benutzt werden.

Deze containers van polyethyleen geven een kleurrijke toets aan een minimalistische badkamer, en kunnen worden gebruikt als opbergruimte en als stoelen dankzij hun speciaal ontworpen deksels.

Specially designed for small spaces, the self-service table includes four floor cushions to sit on and a central compartment with a lid containing two long tablecloths. With its simple design, this piece gives the room a playful and provocative touch.

Spécialement conçu pour les petits espaces, la table libre service comporte quatre poufs et un compartiment central avec un couvercle muni de deux chemins de table. Avec son design simple, ce meuble donne à la pièce une touche ludique et intrigante.

Der Selbstbedienungs-Tisch umfasst vier Bodenkissen und ein Mittelfach mit Deckel, das zwei lange Tischläufer enthält. Durch sein schlichtes Design verleiht dieses Möbelstück jedem Raum einen spielerischen und provokativen Touch.

De self-service tafel, die special is ontworpen voor kleine ruimtes, bevat vier zitkussens en een centraal vak met een deksel waarin zich twee lange tafelkleden bevinden. Met zijn eenvoudige ontwerp geven deze meubels de ruimte een speels en provocatief tintje.

The precision of natural and genuine design combined with the beauty and femininity of nature are the hallmarks of this collection. Each piece consists of a single, precisely cut and shaped piece of aluminium with a high-impact powdered finish or an epoxy-coated wood veneer.

La précision d'un design naturel et authentique s'alliant à la beauté et à la féminité de la nature : voilà l'essence de cette collection. Chaque élément consiste en une seule pièce d'aluminium minutieusement coupée et façonnée, avec une finition poudrée, effet garanti, ou un placage en bois verni.

Die Präzision natürlichen und ehrlichen Designs in Verbindung mit der Schönheit und Weiblichkeit der Natur sind die Merkmale dieser Kollektion. Jedes Stück besteht aus einem einzigen, exakt zugeschnittenen und geformten Aluminiumteil mit Pulverbeschichtung bzw. epoxidbeschichtetem Holzfurnier.

De precisie van natuurlijk en authentiek ontwerp, gecombineerd met de schoonheid en vrouwelijkheid van de natuur zijn de kenmerken van deze collectie. Ieder stuk bestaat uit één enkel aluminium onderdeel dat zorgvuldig is gesneden en vormgegeven, met een matte bestendige afwerking of met fineerhout.

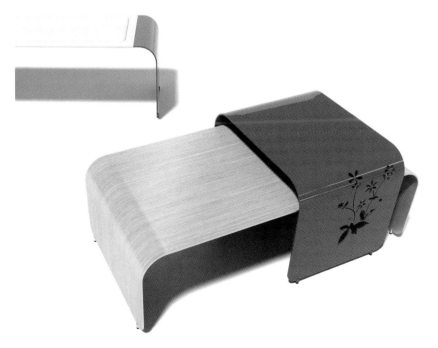

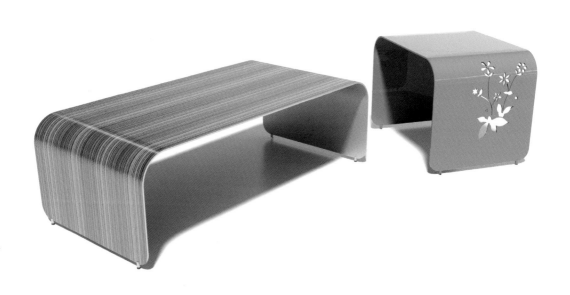

Above: The **Moon desk** is a versatile, freestanding unit, which can be used as a secretary, a writing desk or a computer table thanks to its convex half-moon shape.

Right: Downbeat and with endless possible combinations, the **Arc Series** was designed for modern offices. The simplicity of Aziz Sarıyer's design offers a glimpse of the office of the future where only **necessary** objects will have their place.

En haut : Le **Moon desk** est un meuble sur pied polyvalent qui peut être utilisé comme secrétaire, bureau ou table d'ordinateur grâce à sa forme arrondie en demi-lune.

À droite : Simple et aux possibilités infinies, la série **Arc Series** a été conçue pour les bureaux modernes. Le caractère épuré du design d'Aziz Sarıyer nous offre un aperçu du bureau du futur, dans lequel seuls les objets **nécessaires** auront leur place.

Oben: Der **Moon desk** ist ein vielseitiges, freistehendes Element, das dank seiner Halbmondform als Sekretär, Schreibtisch oder Computertisch genutzt werden kann.

Rechts: Die nüchterne **Serie Arc** wurde für moderne Büroumgebungen entworfen und bietet zahllose Kombinationsmöglichkeiten. Die Einfachheit von Aziz Sarıyers Design lässt uns einen Blick in das Büro der Zukunft werfen, in dem ausschließlich **notwendige** Gegenstände Platz finden.

Boven: De **Moon desk** is een veelzijdige, losstaande eenheid die kan worden gebruikt als bureautje, schijftafel of computertafel, dankzij de convexe halvemaansvorm.

Rechts: De **Arc Serie** is sober, heeft eindeloos veel mogelijkheden en is ontworpen voor moderne kantoren. De eenvoud van het ontwerp van Aziz Sarıyer biedt een visie op het kantoor van de toekomst waar alleen de **noodzakelijke** voorwerpen een plaats krijgen.

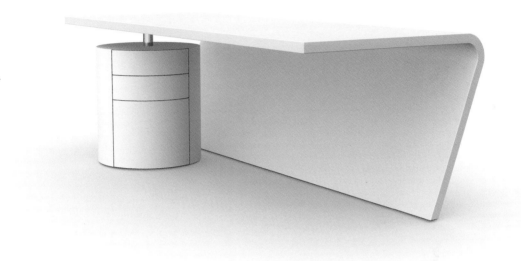

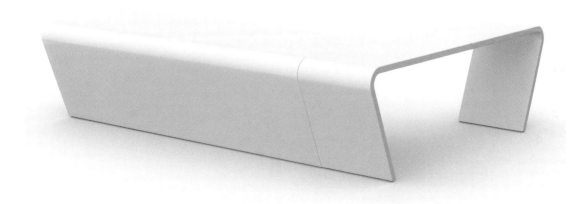

Cubix is a furniture-vending machine. Simply select the desired piece of furniture (chair, table, shelf or lamp), pay for it and take it home. Once there, all you have to do is pull the ring and in just a few seconds the chosen product will unfold before you.

Cubix est un distributeur de meubles. Sélectionnez simplement le meuble voulu (chaise, table, étagère ou lampe), payez le et ramenez le chez vous. Une fois rentré, il vous suffira de tirer sur l'anneau et, en quelques secondes, le meuble choisi se dépliera sous vos yeux.

Cubix ist ein Möbel-Verkaufsautomat. Man wählt das gewünschte Möbelstück (Stuhl, Tisch, Regal oder Lampe), bezahlt und nimmt das Produkt mit nach Hause. Dort angekommen, muss der Kunde lediglich am Ring ziehen... und in wenigen Sekunden entfaltet sich das gewählt Produkt vor ihm.

Cubix is een meubelverkoopmachine. U hoeft de gewenste meubelstuk (stoel, tafel, plank of lamp) alleen maar te selecteren, te betalen en mee naar huis te nemen. Eenmaal daar trekt u eenvoudig aan de ring, en binnen enkele seconden ontvouwt het gekozen product zich voor u.

www.designpartners.ie

Another way of creating spatial continuity is to wallpaper the most open area of the home, with colors that match the other rooms.

L'autre façon de mettre en place une continuité consiste à mettre du papier peint dans la zone la plus ouverte de la maison, avec des couleurs rappelant celles des autres pièces.

Kontinuität kann auch hergestellt werden durch den Einsatz von Tapeten im offensten Bereich der Wohnung, wenn die verwendeten Farben mit anderen Zimmern in Verbindung stehen.

Een andere manier om continuïteit te creëren is behang toe te passen in het ruimste vertrek van het huis, met kleuren die verband houden met de andere kamers.

The light color of the floor makes the walls seem further apart.

Avec un sol de couleur claire, les murs semblent plus éloignés.

Der helle Boden trägt dazu bei, dass die Wände weiter entfernt erscheinen.

Dankzij de lichte vloer lijken de muren verder van elkaar af te liggen.

To accentuate the height of the rooms, it is a good idea to paint the walls and ceilings the same cool color (green, blue, or lilac).

Pour accentuer la hauteur de plafond des pièces, il convient de peindre un mur et le plafond dans le même ton froid (vert, bleu ou lilas).

Um die Höhe der Zimmer zu betonen, sollten eine Wand und die Decke in einem kalten Farbton (Grün, Blau oder Violett) gestrichen werden.

Om de hoogte van de kamers te accentueren is het een goed idee om één wand en het plafond in dezelfde koele kleur te verven (groen, blauw of paars).

Above: Keeping visual order makes work and concentration easier. That is why it is advisable not to mix colors haphazardly. Below: Chests of drawers on casters appear to be part of a desk if they are painted the same color.

En haut : Conserver l'espace visuellement rangé facilite le travail et la concentration. C'est la raison pour laquelle il n'est pas recommandé de mélanger des couleurs qui n'ont aucun rapport. En bas : Les commodes sur roulettes sembleront faire partie intégrante de la table ou du bureau si elles sont peintes de la même couleur que le meuble principal.

Oben: Ein visuell geordneter Raum erleichtert das Arbeiten und fördert die Konzentration. Daher wird von der Mischung von Farben aus unterschiedlichen Farbfamilien abgeraten. Unten: Die Schubladenelemente mit Rollen wirken wie Bestandteile des Tisches bzw. Schreibtisches, wenn sie in der gleichen Farbe wie das Hauptmöbel gestrichen werden.

Boven: De ruimte visueel opgeruimd houden is bevorderlijk voor het werk en de concentratie. Daarom is het niet raadzaam om kleuren die geen enkele relatie hebben door elkaar te gebruiken. Onder: De ladekasten met wieltjes lijken in de tafel of het bureau te zijn opgenomen als ze in dezelfde kleur als het hoofdmeubel worden geschilderd.

Large boxes for storing toys seem less bulky if they are in light colors.

Les grandes boîtes pour ranger des jouets sembleront plus légères si elles sont de couleurs claires.

Die großen Kisten zum Aufbewahren von Spielsachen erscheinen leichter, wenn sie in hellen Farbtönen gehalten sind.

De grote bakken om speelgoed in te bewaren lijken lichter dan ze zijn door hun lichte kleuren.

Left: It is a good idea to use the same color plant pots to border open air spaces.
Right: White sunshades and canopies not only reflect the sun but also give the impression of a more space.

À gauche : Pour délimiter des espaces à l'air libre, il faut utiliser des pots de fleurs de même couleur.
À droite : Les parasols et les auvents de couleur blanche non seulement contribuent à refléter la lumière mais ils donnent aussi une impression de grandeur.

Links: Um Räume unter freiem Himmel zu begrenzen, sollten Blumentöpfe der gleichen Farbe verwendet werden.
Rechts: Die Sonnenschirme und Behänge in Weiß reflektieren nicht nur das Licht, sondern vermitteln außerdem den Eindruck von Weite.

Links: Om ruimtes in de open lucht af te bakenen kunnen bloembakken in dezelfde kleur worden gebruikt.
Rechts: Witte parasols en baldakijnen helpen niet alleen om het licht te reflecteren, maar wekken ook de indruk van ruimte.

www.ikea.com

K Workstation is intended to utilize a limited space for maximized efficient working space. The design combines homogenous material and fluidity. It also challenges the re-evaluating of the material potencies and fabricating technologies. The proper selections are bent ply-wood molding and bamboo.

K Workstation a pour objet l'utilisation d'un espace limité pour la création d'un espace de travail optimisé. Le design combine fluidité et matériel homogène. Il défi également la réévaluation des puissances matérielles et des technologies de fabrication. Les bons choix sont le contre-plaqué flexible et le bambou.

K Workstation soll begrenzten Raum möglichst effektiv als Arbeitsplatz nutzen. Das Design verbindet homogenes Material und Leichtigkeit. Außerdem regt es zu einer Neubewertung des Potenzials von Material und Produktionsverfahren an. Für das Möbelstück wurden gebogenes Sperrholz und Bambus verwendet.

K Workstation is bedacht om een beperkte ruimte optimaal te benutten en om te vormen in een efficiënte werkruimte. In het ontwerp worden homogene materialen gecombineerd met vloeiende lijnen. Tevens wordt gestreefd naar het opnieuw waarderen van de mogelijkheden van het materiaal en van productietechnieken. De daartoe behorende reeksen zijn van gebogen triplex en bamboe.

The basic shape of **Za Stool** is a free standing unit with strategically placed slots. Use it alone to sit on the floor in Japanese style, with a built-in backrest. Together, they locked into a stool or a side table. When taken apart, they can also conveniently stack up to save space.

Le format de base de **Za Stool** est un meuble sur pied avec des fentes placées de façon stratégique. Il peut être utilisé seul pour s'asseoir par-terre à la mode japonaise, avec un dossier intégré. Combinés, ils peuvent servir de tabouret ou de desserte. Une fois séparés, ils peuvent s'empiler en toute commodité pour gagner de la place.

Die Grundform des **Za Stool** ist eine freistehende Einheit mit strategisch platzierten Schlitzen. Die Verwendung einer einzelnen Einheit ermöglicht das bodennahe Sitzen im japanischen Stil mit eingebauter Rückenlehne. Durch die Kombination mehrerer Elemente entsteht ein Hocker oder Beistelltisch. Nach dem Auseinanderbauen können die Module Platz sparend gestapelt werden.

De **Za Stool** basisvorm is een losstaande eenheid met strategisch geplaatste gleuven. Gebruik het uitsluitend om Japanse stijl op de grond te zitten, met de rugleuning rechtop. Ze kunnen ook in elkaar worden geschoven om een stoel of bijzettafel te vormen. Als u ze uit elkaar haalt kunnen ze bovendien worden opgestapeld, om ruimte te besparen.

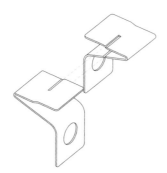

Taking Apart

Stool

Stacking

Za-Isu

Bookseat. A simple bookcase that playfully curves and becomes a seat; it is a creative design responding to the advent of multifunctional spaces in today's urban living. This piece is manufactured with bent plywood and available with a felt cushion in customizable colors.

Bookseat. Une simple bibliothèque qui s'incurve de façon ludique pour devenir un siège ; ce design répond à l'avènement des espaces multifonctionnels dans la vie urbaine contemporaine. Cette pièce est faite à partir de contre-plaqué flexible et peut être vendue avec un coussin disponible dans la couleur de votre choix.

Bookseat. Ein einfaches Bücherregal wurde gebogen und zu einer Sitzgelegenheit umgewandelt. Dieses kreative Design ist eine Antwort auf die aufkommenden multifunktionalen Räume in der heutigen Wohnwelt. Dieses Möbelstück wurde aus gebogenem Sperrholz gefertigt und ist mit einem Filzkissen in Farben nach Kundenwunsch erhältlich.

Bookseat. Een simpele boekenkast die op speelse wijze is opgekruld om in een stoel te veranderen: een creatief ontwerp dat tegemoetkomt aan de vraag naar multifunctionele ruimtes in het stadsleven van tegenwoordig. Dit meubelstuk is gemaakt uit gebogen triplex en is beschikbaar met een vilten kussen in gepersonaliseerde kleuren.

Capstan table. It is a round table, which at the press of a button, doubles its seating capacity and remains truly circular. Existing tables can seat six persons when small, and twelve or more when expanded, For marine installations, the table can run on its own batteries, or be connected to the yacht's electrical supply.

Table Capstan. Il s'agit d'une table ronde qui, grâce à un simple bouton, double sa capacité tout en restant parfaitement circulaire. Les tables existantes peuvent accueillir six personnes avant d'être agrandie, et douze personnes ou plus après. Elles peuvent fonctionner de façon autonome ou être branchées au réseau électrique de votre yacht.

Capstan Table. Auf Knopfdruck bietet dieser runde Tisch die doppelte Anzahl an Sitzplätzen und behält dabei auch weiterhin seine Form. Das bestehende Modell bietet sechs Personen bzw. in ausgezogenem Zustand zwölf Personen Platz. Für den Einsatz auf Booten kann der Tisch batteriebetrieben werden oder an die Stromversorgung der Yacht angeschlossen werden.

Capstan tafel. Dit is een ronde tafel die, met een druk op de knop, twee keer zo groot wordt terwijl hij toch echt rond blijft. Aan de gewone tafel kunnen zes personen zitten en aan de uitgetrokken tafel twaalf of meer. Voor installaties op zee kan de tafel op zijn eigen batterij werken, of kan hij worden aangesloten op de elektriciteitsvoorziening van de boot.

CAVE. This product provides a private reading space within its form. As a seat height is just above the floor, **CAVE** gives a feeling of hiding from others standing around. Books can be stored on both sides. It can also functions as a partition of a room. A bookcase **PET CAVE** provides your pet with such space.

CAVE. Ce produit procure un espace privé de lecture, à l'intérieur de sa propre forme. Avec un siège à ras du sol, **CAVE** vous donne l'impression de vous cacher des autres personnes debout autour de vous. Des livres peuvent être rangés des deux côtés et ce meuble peut également servir de séparation dans une pièce. La bibliothèque **PET CAVE** procure le même espace à votre animal.

CAVE. Dieses Produkt bietet einen Leseplatz innerhalb des Bücherregals. Mit dem Sitz knapp über Bodenhöhe gibt **CAVE** dem Benutzer das Gefühl, sich vor den umstehenden Leuten zu verstecken. Beide Seiten des Regals können zur Aufbewahrung von Büchern genutzt werden. Außerdem kann das Möbelstück als Raumteiler dienen. Das Bücherregal **PET CAVE** bietet einen gemütlichen Platz für Ihr Haustier.

CAVE. Dit product biedt een privé-leesruimte binnen zijn eigen vorm. Aangezien de hoogte van de stoel iets boven de grond is, geeft **CAVE** u het gevoel dat u verborgen bent voor omstaanders. Boeken kunnen aan beide kanten worden neergezet. Het meubelstuk kan ook dienst doen als scheidingswand in een kamer. Een **PET CAVE** boekenkast biedt deze ruimte aan uw huisdier.

www.sakurah.net

The Creative Wedge. A simple concept of customizable foam furniture that can be used either in the office or in your home. It is designed to promote creativity in office space. The shapes of the foam can be rearranged in many ways depending on how you would like to lie down as you take a break, relax and relieve stress.

The Creative Wedge. Un concept simple de meubles en mousse personnalisables et pouvant être utilisés aussi bien dans votre bureau qu'à la maison. Son design aspire à promouvoir la créativité sur le lieu de travail. Les formes de la mousse peuvent être réarrangées de multiples façons, selon vos envies, pour faire une pause, vous détendre et évacuer le stress.

The Creative Wedge. Das einfache Konzept individuell gestaltbarer Möbel aus Schaumstoff kann sowohl im Büro als auch zu Hause zum Einsatz kommen. Es soll die Kreativität am Arbeitsplatz fördern. Die Schaumstoffformen können auf unterschiedlichste Weise angeordnet werden, je nachdem, wie der Benutzer sich hinlegen möchte, um eine Pause zu machen, sich zu entspannen und Stress abzubauen.

The Creative Wedge. Een eenvoudig concept van personaliseerbaar schuimrubber meubilair dat zowel op kantoor als thuis kan worden gebruikt. Het is ontworpen om de creativiteit in kantoorruimtes te bevorderen. De schuimrubberen vormen kunnen op vele manieren steeds opnieuw worden opgesteld, afhankelijk van hoe u wilt liggen om uit te rusten, te ontspannen en te ontstressen.

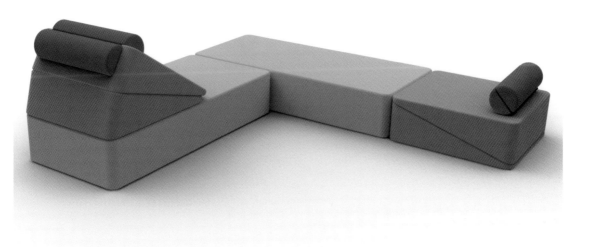

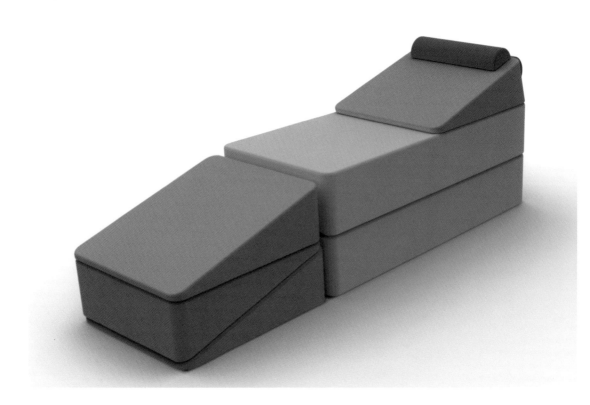

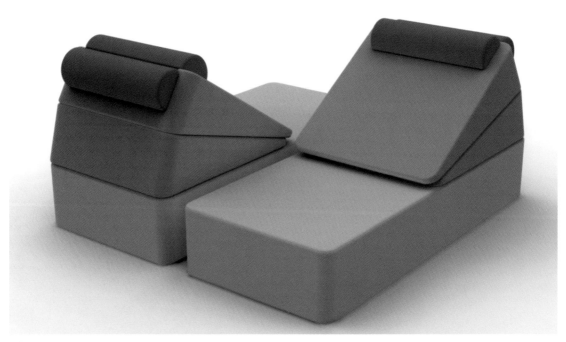

The DoubleSpace Kitchenette
caters to those with a taste for unique, compact living. This roomy easy chair converts easily into a countertop with two electric burners. A carefully placed axle allows the perfect sitting height to swing upward to become the perfect cooking height.

The DoubleSpace Kitchenette
s'adresse à ceux qui recherchent quelque chose d'unique et de compact. En un clin d'œil, ce grand fauteuil se transforme en un plan de travail muni de deux plaques électriques. Un essieu soigneusement disposé permet de passer d'une hauteur d'assise parfaite à une hauteur parfaite pour faire la cuisine.

The DoubleSpace Kitchenette
richtet sich an Benutzer mit einem Faible für einzigartige, kompakte Wohnlösungen. Dieser geräumige Sessel verwandelt sich im Handumdrehen in eine Arbeitsfläche mit zwei elektrischen Kochplatten. Die intelligent platzierte Achse lässt die Sitzfläche nach oben schwingen, wo sie eine ideale Arbeitshöhe bietet.

De **DoubleSpace Kitchenette** is bedoeld voor degenen die houden van een unieke en compacte woonervaring. Deze ruime stoel kan eenvoudig worden omgebouwd tot een keukenblad met twee elektrische branders. Dankzij een zorgvuldig geplaatste as kan de stoel eenvoudig naar boven worden gedraaid en veranderen in een keuken op de perfecte hoogte.

www.vestaldesign.com

Flatshare Fridge. This prototype is the result of the Electrolux Design Lab competition for ideas for household appliances and utensils organized by Electrolux since 2003 for industrial design students and graduates. This case features a highly-compartmentalized refrigerator, or its reworking as a portable mini-refrigerator.

Flatshare Fridge. Ce prototype est issu du concours Electrolux Design Lab, un concours d'idées pour des appareils électroménagers et des ustensiles, organisé par Electrolux depuis 2003 pour des étudiants et des diplômés en design industriel. Dans ce cas, un réfrigérateur très compartimenté ou sa reformulation en mini-réfrigérateur transportable.

Flatshare Fridge. Dieser Prototyp wurde im Rahmen des Electrolux Design Lab präsentiert. Seit 2003 veranstaltet Electrolux diesen Ideenwettbewerb für Haushaltsgeräte und Zubehör, an dem Studenten und Absolventen des Studiengangs Industriedesign teilnehmen können. In diesem Fall gewann dieser modular aufgebaute Kühlschrank, dessen Elemente einzeln leicht transportiert werden können.

Flatshare Fridge. Dit prototype komt voort uit de Electrolux Design Lab, een wedstrijd van innovatieve ideeën over huishoudelijke apparaten die Electrolux sinds 2003 organiseert voor studenten en afgestudeerden in industriële vormgeving. In dit geval gaat het om een koelkast bestaand uit vele vakjes of de herformulering tot een transporteerbare minikoelkast.

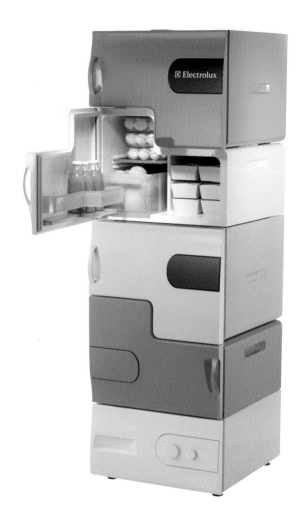

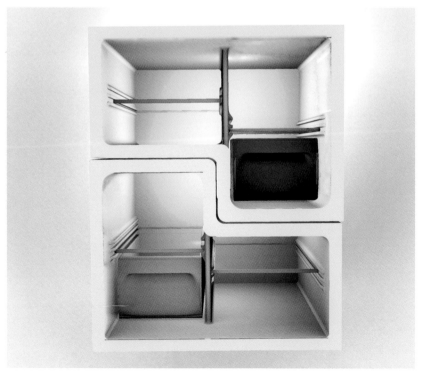

Fusiontable is naturally based on the shape and the dimensions of one 7 feet American pool table. It is rectangular with 4 sharped angles at the table corners made of steel, stainless steel or wood parts according to the range. A dining table and a pool table, all in one but in a modern sleek design.

Fusiontable s'inspire naturellement de la forme et des dimensions d'un billard américain 7 ft. Il est rectangulaire, avec 4 angles pointus aux coins de la table, faits en acier, en acier inoxydable ou en bois, selon la gamme. Une table à manger et un billard : deux en un, avec un design moderne et élégant.

Fusiontable basiert auf der Form und den Abmessungen eines 7 Fuß großen amerikanischen Poolbillardtisches. Er ist rechteckig und weist an den Ecken 4 Winkel auf, die je nach Ausführung aus Stahl, Edelstahl oder Holz gefertigt sind. Esstisch und Billardtisch in einem – und noch dazu hochmodern und elegant.

Fusiontable is op natuurlijke wijze gebaseerd op de vorm en de afmetingen van een Amerikaanse pooltafel van 2,13 meter. Hij is rechthoekig en heeft 4 scherpe hoeken die, afhankelijk van het model, van staal, roestvrij staal of hout gemaakt zijn. Een eettafel en een biljarttafel in één, met een elegant en modern ontwerp.

The **JC coffee table** was originally commissioned by a client who wanted to showcase a large collection of music magazines. The low level table allows effective storage to become the centrepiece of any living area. The spines of the magazines are displayed in a cross shape, a subtle blend of the sacred and profane.

À l'origine, JC coffee table a été commandée par un client qui voulait y exposer une grande quantité de magazines de musique. Cette table basse permet à une unité de rangement fonctionnelle de devenir le centre de n'importe quelle pièce à vivre. Les magazines sont disposés en forme de croix, une alliance subtile du sacré et du profane.

Der **JC coffee table** wurde ursprünglich von einem Kunden in Auftrag gegeben, der seine umfangreiche Sammlung an Musikzeitschriften ausstellen wollte. Der niedrige Tisch ist eine effektive Aufbewahrungslösung, die zum Mittelpunkt jedes Wohnbereichs wird. Die Rücken der Zeitschriften sind über Kreuz angeordnet... eine subtile Verbindung von Kirchlichem und Weltlichem.

De JC koffietafel was aanvankelijk een opdracht van een klant die een groot aantal muziektijdschriften tentoon wilde stellen. De lage tafel biedt efficiënte opbergruimte en is ideaal als centraal element in de woonkamer. De ruggen van de tijdschriften worden in de vorm van een kruis zichtbaar, een subtiele mengeling tussen het heilige en het profane.

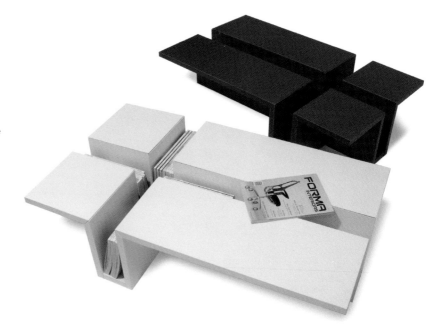

Matroshka is inspired in Russian Wooden dolls; the main values that were focused on for this new compact living concept, were storage, volume and sociality, at its smallest size of less than 4 m². This suite of furniture holds both work place, a double bed, a sofa, a dinner place and even room for storage.

Matroshka s'inspire des poupées russes en bois. Les principales valeurs mises en avant avec ce nouveau concept de « compact living » sont le rangement, le volume et la convivialité, le tout sur une surface minimale de 4 m². Cet ensemble mobilier comporte un espace de travail, un lit double, un canapé, un coin repas et même un espace de rangement.

Matroshka wurde von den ineinander stapelbaren russischen Holzpuppen inspiriert. Für dieses neue kompakte Wohnkonzept, das im kleinsten Zustand weniger als 4 m² beansprucht, berief sich der Designer auf die Hauptaspekte Stauraum, Volumen und Zusammensein. Das Möbelset umfasst einen Arbeitsplatz, ein Doppelbett, ein Sofa, einen Essplatz und Raum zur Aufbewahrung.

Matroshka is geïnspireerd op de bekende Russische houten poppen. De belangrijkste waarden waarop dit nieuwe concept van compact wonen gebaseerd is, waren bergruimte, volume en gezelligheid, en de kleinste afmeting is minder dan 4 m². Dit samenspel van meubelen biedt zowel een werkruimte als een tweepersoons bed, een bank, een eethoek en heeft zelfs opbergruimte.

www.matroshka.se

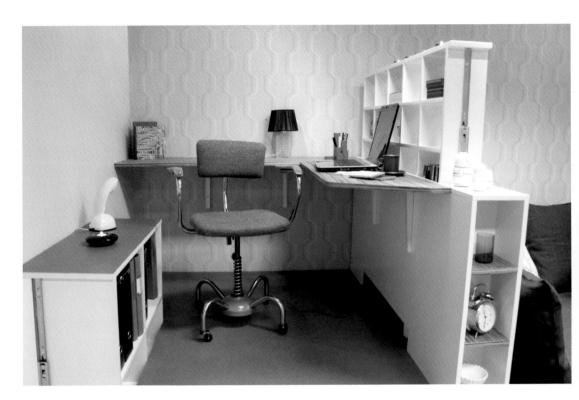

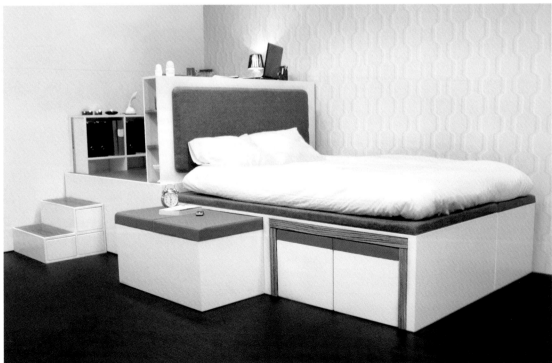

Miesrolo chair can be rolled-up, or folded at any segment, easily packed for one to carry or put away for storage. The roll-up packing possibility comes from the fact that the structure was made out of segments – wood elements, applied to polyester bands, that came from old ones used for heavyweight lifting.

Miesrolo chair peut s'enrouler, se plier dans n'importe quel sens et être transportée ou rangée en toute simplicité. Le fait qu'elle puisse s'enrouler s'explique par la constitution de sa structure : celle-ci est faite de plusieurs segments – des pièces en bois, associées à des bandes de polyester, anciennement utilisées pour soulever des charges lourdes.

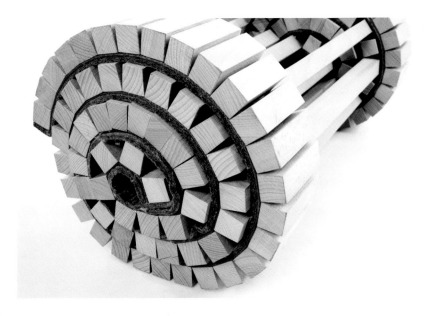

Der **Miesrolo Chair** kann aufgerollt oder an jedem beliebigen Segment zusammengeklappt werden, um ihn mitzunehmen oder Platz sparend aufzubewahren. Das Aufrollen wird durch die Struktur aus hölzernen Einzelsegmenten ermöglicht, die durch wiederverwertete Polyesterbänder aus dem Bereich Gewichtheben miteinander verbunden sind.

De **Miesrolo stoel** kan in ieder segment worden opgerold of opgevouwen, zodat hij eenvoudig kan worden ingepakt om te vervoeren of op te bergen. Hij kan worden opgerold dankzij dankzij het feit dat de structuur is opgebouwd uit segmenten – houten elementen, die zijn bevestigd aan polyester banden die vroeger werden gebruikt om zwaar gewicht te tillen.

http://universityofbelgrade.blogspot.com
www.behance.net/ukica
© Orange Studio, Belgrad

Minikitchen is a re-issue of Joe Colombo's celebrated 1963 design, realised now in Corian®. It has a form of a large trolley with kitchen functions: hob unit, mini-refrigerator, drawer, storage compartments, small cutlery drawers, sockets for small electrical appliances, big chopping board and pull-out worktop.

Minikitchen est une réédition du design de Joe Colombo acclamé en 1963, réalisé cette fois-ci en Corian®. Il a la forme d'un grand chariot et comporte tous les éléments d'une cuisine : plaque de cuisson, mini réfrigérateur, compartiments de rangement, petits tiroirs à couverts, prises pour petits appareils électriques, grande planche à découper et plan de travail convertible.

Minikitchen ist eine Neuauflage von Joe Colombos gefeiertem Design aus dem Jahre 1963, die aus Corian® gefertigt wurde. Das Möbelstück hat die Form eines großen Rollkoffers, der die Grundelemente einer Küche beinhaltet: Kochfeld, Mini-Kühlschrank, Schublade, Aufbewahrungsfächer, kleine Besteckschubladen, Steckdosen für kleine Haushaltsgeräte, ein großes Schneidbrett und eine ausziehbare Arbeitsplatte.

Minikitchen is een nieuw uitvoering van Joe Colombo's gevierde ontwerp 1963, dat nu in Corian® is uitgevoerd. Het heeft de vorm van een grote kar met de functie van keuken: kookplaat, mini-koelkast, lade, opbergruimte, bestekklades, stopcontacten voor kleine huishoudelijke apparaten, een grote snijplank en een uitschuifbaar werkblad.

www.boffi.com
© Valassina und Bitetto, Scheve und Waddel, Rozensztroch und Galland

Private Dining is a solid oak dining room for four that folds flat to just 170 mm in one easy movement. Inspired from pop-up books the unsuspecting doors draw open to entirely transform the environment and provide a strong sturdy table and chairs. The customer is able to specify wall finish, flooring, table and bench timber.

Private Dining est une salle à manger résistante en bois de chêne qui peut se plier en un clin d'œil sur seulement 170 mm d'épaisseur. À l'instar des livres animés, les portes s'ouvrent sous le regard ébahit des spectateurs, et transforme totalement l'environnement en y ajoutant une table et des chaises solides. Le client peut choisir la finition des murs et du sol, ainsi que le bois de la table et des bancs.

Private Dining ist ein massives Esszimmer aus Eichenholz für vier Personen, das sich im Handumdrehen auf gerade einmal 170 mm Tiefe zusammenklappen lässt. Wie bei Kinderbüchern mit ausklappbaren Bildern öffnen sich die Türen, um die Wohnumgebung völlig zu verändern und einen stabilen Tisch mit Sitzbänken zu offenbaren. Der Benutzer kann die Wandgestaltung, den Boden sowie das Holz von Tisch und Bänken auswählen.

Private Dining is een massief eikenhouten vierpersoons eethoek die in één simpele beweging kan worden ingevouwen tot slechts 170 mm. De onverwachte deuren, die geïnspireerd zijn op pop-up boeken, kunnen worden geopend, zodat de hele omgeving veranderd en er een sterke, duurzame tafel met stoelen te voorschijn komt. De klant kan zelf beslissen over de afwerking van de muren, vloer, tafel en stoelen.

www.jamesplantdesign.com
© Jacob Ainley

Protective Coloring Chair started out as a white cube hiding a folding and unfolding mechanism that can turn it into a chair with four legs. As the chair is unfolded, its initial white color gives way to red as the concealed components are revealed.

Protective Coloring Chair part de l'idée d'un cube blanc dissimulant un mécanisme de pliage et dépliage, qui lui permet de se transformer en une chaise à quatre pieds. Au fur et à mesure que la chaise est dépliée, la couleur blanche du départ laisse place au rouge des parties dissimulées au départ.

Der **Protective Coloring Chair** geht von der Grundidee eines weißen Würfels aus, der in seinem Inneren einen Faltmechanismus verbirgt, welcher den Würfel in einen Stuhl mit vier Beinen verwandelt. Je weiter der Stuhl auseinandergefaltet wird, umso mehr verdrängt die rote Farbe der zuvor verborgenen Elemente das Weiß.

Protective Coloring Chair gaat uit van het idee van een witte kubus die een op- en uitvouwmechanisme verbergt waarmee de kubus kan veranderen in een stoel met vier poten. Naarmate de stoel wordt uitgevouwen, maakt de witte kleur plaats voor het rood van de aanvankelijk verborgen delen.

www.hyuhjinlee.com

SofaBOX. The casual up-class furniture hybridizes sturdy aluminium engineering with a sleek minimalist style, providing a trendy solution to your lounging needs. These extremely light couch-cases are perfect for anyone who needs an extended seat on the go. Customize the upholstery and stack multiple sofas for easy storage.

SofaBOX. Ce meuble à la fois élégant et décontracté allie aluminium robuste et style chic minimaliste : une solution tendance pour répondre aux besoin de votre salon. Ces couch-cases extrêmement légers sont parfaits pour toute personne ayant besoin d'une banquette d'appoint résistante. Vous pouvez personnaliser les revêtements et empiler plusieurs canapés pour un rangement facile.

SofaBOX. Dieses lässige Möbelstück verbindet stabiles Aluminium mit einem eleganten, minimalistischen Stil und bietet somit eine angesagte Lösung für bequeme Sitzgelegenheiten. Diese extrem leichtgewichtigen Couch-Koffer bieten sich für alle diejenigen an, die auch unterwegs nicht auf bequeme Sessel verzichten möchten. Der Bezug kann individuell gestaltet werden. Mehrere Sofas lassen sich gestapelt Platz sparend aufbewahren.

SofaBOX. In dit informele eersteklas meubilair gaat een duurzame techniek samen met een elegante, minimalistische stijl, waarbij een trendy oplossing voor uw behoefte aan rust wordt geboden. Deze extreem lichte bankkisten zijn perfect voor iedereen die, al doende, extra zitruimte nodig heeft. De bekleding kan worden gepersonaliseerd en de banken kunnen worden opgestapeld om het opbergen te vereenvoudigen.

www.sofabox.ch

Tona Chair. A hollow anatomical chair enabling things to be stored inside, such as magazines. It can also be used vertically with a different configuration that turns it into a table. It comes in three colors: pistacho green, off white, and black.

Tona Chair. Chaise anatomique creuse à l'intérieur, ce qui permet de ranger des objets à l'intérieur, comme des revues. Elle peut également être placée verticalement pour adopter une autre configuration et servir de petite table. Disponible en trois couleurs : vert pistache, blanc crème et noir.

Tona Chair. Anatomisch geformter, innen hohler Stuhl, der in seinem Inneren Stauraum für Zeitschriften u. a. bietet. In vertikaler Stellung kann das Möbelstück als Beistelltisch genutzt werden. Erhältlich in drei Farben: Pistaziengrün, Cremeweiß und Schwarz.

Tona Chair. Een anatomische stoel die van binnen open is. Hierdoor kunnen er spulletjes in worden opgeborgen, zoals tijdschriften. Ook kan de stoel rechtop worden gezet, zodat hij een andere vorm aanneemt en als bijzettafel gebruikt kan worden. Verkrijgbaar in drie kleuren: pistachegroen, roomwit en zwart.

www.estudioeuforia.com.ar

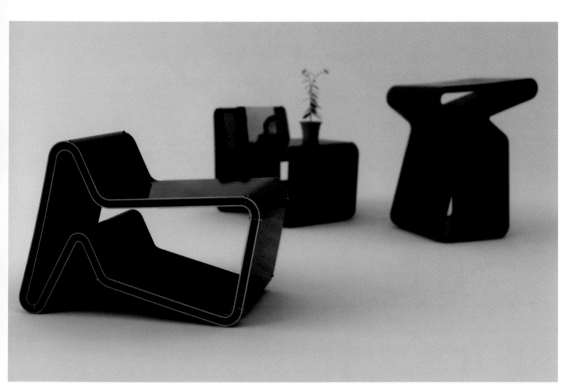

Transformer Shelf allows participating in the evolution of its shape. The user will be constantly rearranging the different units towards each other, creating myriad different shapes. This will have an influence on the cognition of the surrounding room and the way one does identify himself with the object.

Transformer Shelf permet de participer à l'évolution de sa forme. Son propriétaire pourra réarranger indéfiniment les différentes unités les unes par rapport aux autres, créant ainsi des myriades de formes différentes. Cela aura nécessairement une influence sur sa connaissance de l'espace environnant et sur sa façon de s'approprier l'objet.

Transformer Shelf lässt den Benutzer an der Entwicklung seiner Form teilhaben. Der Benutzer kann die unterschiedlichen Module gegeneinander verschieben und stets neue, unzählige Formen kreieren. Dies wirkt sich auf die Wahrnehmung des umgebenden Raums aus und auf die Art und Weise, wie man sich selbst mit dem Objekt identifiziert.

Transformer Shelf maakt het mogelijk om te participeren in de evolutie van de vorm. De gebruiker kan de verschillende eenheden voortdurend opnieuw rangschikken en daarmee duizenden verschillende vormen creëren. Dit zal invloed hebben op de cognitie van de omringende ruimte en de manier waarop hij of zij zich met het voorwerp identificeert.

www.martinsaemmer.de
© Martin Saemmer, Oliver Wrobel & Bianca Elmer

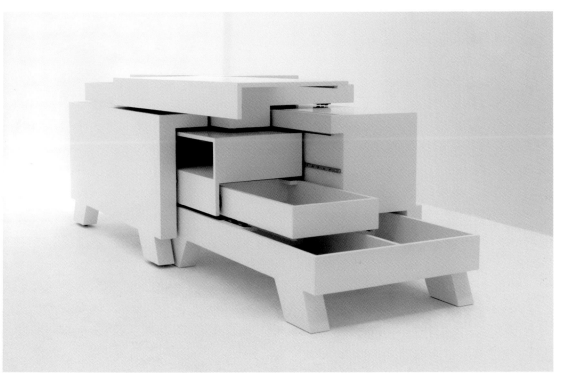

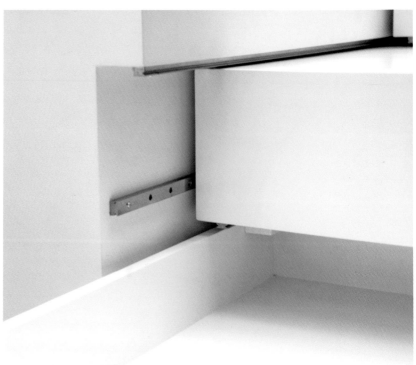

Magic Cube is an outwardly straightforward cabinet that can be converted from the inside into your choice of a make-up/dressing table, a coffee/bar cabinet or a computer/office centre. The individual piece can unfold its entire range of functions in an area that is just 600 mm wide by 1,440 mm high by 508 mm deep.

Magic Cube est un petit placard très simple à l'extérieur mais dont l'intérieur peut se convertir à votre guise en une coiffeuse/penderie, en un meuble bar/café ou en un espace informatique/de travail. L'unité seule peut déplier la totalité de ses différentes fonctions sur une surface de seulement 600 mm de large, 1 440 mm de hauteur et 508 mm de profondeur.

Magic Cube ist ein äußerlich unscheinbarer Schrank, der nach Wahl in einen Schminktisch, einen Kaffee-/Barschrank oder einen Computer- bzw. Heimarbeitsplatz verwandelt werden kann. Der Schrank kann seine gesamten Funktionen in einem Raum von nur 600 mm Breite, 1.440 mm Höhe und 508 mm Tiefe entfalten.

Magic Cube is een eenvoudige kast met strakke lijnen die binnenin kan worden omgebouwd tot make-uptafel, barmeubel of computer- of werkruimte. Het meubelstuk kan een hele reeks functies uitvoeren binnen een oppervlakte van slechts 600 mm breed bij 1440 mm hoog bij 508 mm diep.

Kitchen design has become a highly specialized field, where designers focus on making the kitchen both functional and appealing. These days, even chandeliers are welcome.

Le design de cuisines est devenu un secteur très spécialisé où les designers font de leur mieux pour rendre les cuisines fonctionnelles et intéressantes. De nos jours, mêmes les candélabres sont les bienvenus.

Der Entwurf von Küchen ist mittlerweile zu einem besonderen Fachbereich geworden, in dem die Designer danach streben, funktionale und gleichzeitig attraktive Küchen zu kreieren. Heutzutage finden sogar Hängeleuchter in der Küche ihren Platz.

Keukendesign is een zeer gespecialiseerde tak geworden waarin ontwerpers hun uiterste best doen om functionele en aantrekkelijke keukens te maken. Tegenwoordig zijn zelfs kandelaars welkom.

Designers strive to find a balance between aesthetics and durable surfaces. Glossy stainless steel countertops, a popular choice, clean easily.

Les designers s'efforcent d'obtenir un équilibre entre les surfaces attirantes et les matériaux solides. Les plans de travail brillants en acier inoxydable, qui sont souvent choisis, se nettoient facilement.

Ziel der Designer ist es, ein Gleichgewicht zwischen ansprechenden Oberflächen und dauerhaften Materialien herzustellen. Die glänzenden Arbeitsflächen aus Edelstahl sind sehr gefragt und äußerst leicht zu reinigen.

Ontwerpers zetten zich in om het evenwicht tussen aantrekkelijke oppervlakken en duurzame materialen te bereiken. Glanzende roestvrij stalen aanrechten, een populaire keuze, zijn gemakkelijk schoon te maken.

Wine coolers are becoming an indispensible piece of equipment in today's kitchens. Living habits have evolved such that the kitchen is no longer the homemaker's exclusive domain; it is also now a place to entertain and socialize.

Les refroidisseurs à vin sont en train de devenir un élément indispensable dans les cuisines actuelles. Les habitudes de vie ont tellement évolué que la cuisine n'est plus le domaine exclusif de la maîtresse de maison mais aussi un lieu pour recevoir et se réunir.

Weinkühlschränke haben sich mit der Zeit zu unentbehrlichen Bestandteilen moderner Küchen entwickelt. Die Küche ist heute nicht mehr der Arbeitsraum der Hausfrau, sondern ein Ort für das gesellige Beisammensein und die Bewirtung von Besuchern.

Wijnkoelkasten zijn bezig om te veranderen in een onmisbaar onderdeel van de hedendaagse keuken. De levensgewoonten zijn zodanig veranderd dat de keuken niet meer uitsluitend het domein van de huisvrouw is, maar ook een ruimte voor gezellige bijeenkomsten.

Concealed places for storing
utensils and appliances,
and folding cutting boards
are increasingly important
components in kitchens. The
way they are integrated into the
design contributes towards a more
functional space.

Des emplacements dissimulés
pour ranger des ustensiles et des
appareils électroménagers et des
planches à découper pliables sont
des éléments de la cuisine de plus
en plus importants. La manière
dont ils s'intègrent au design
contribue à créer un espace très
fonctionnel.

Verborgener Stauraum zur
Aufbewahrung von Utensilien
und Haushaltsgeräten sowie
faltbare Schneidbretter spielen in
der Küche eine immer wichtigere
Rolle. Die Art und Weise, wie diese
Elemente in das Gesamtdesign
integriert werden, schafft einen
besonders funktionalen Raum.

Verborgen plekken voor het
opbergen van huishoudelijke
apparatuur en opvouwbare
snijplanken zijn steeds
belangrijkere keukenonderdelen.
De manier waarop ze in het
ontwerp worden opgenomen
draagt bij aan de creatie van een
zeer functionele ruimte.

Small, light, freestanding or
wall-hung: these are some of
the options available to furnish a
difficult space such as a bathroom.

Des meubles petits, légers,
indépendants ou accrochés au
mur : ce sont quelques unes des
possibilités disponibles pour
meubler des espaces compliqués,
comme la salle de bain.

Kleine, leichte Möbel, einzeln
stehend oder an die Wand
gehängt: dies sind einige der
Optionen für die Ausstattung
von Räumen mit begrenzten
Möglichkeiten, wie z. B. von
Badezimmern.

Kleine, lichte, losstaande of aan
de wand hangende meubels: dit
zijn een aantal van de beschikbare
opties om gecompliceerde ruimtes
zoals de badkamer in te richten.

www.duravit.us

The majority of under-bed boxes include a hydraulic system that makes the spring mattress lighter and easier to lift, to make the most of this space. The large storage capacity, ease of access and visibility of its contents are its greatest advantages.

La majorité des grands coffres permettant d'exploiter l'espace disponible sous le lit comportent un système hydraulique réduisant l'effort au moment de soulever le sommier. La grande capacité de stockage, la facilité d'accès et la visibilité du contenu sont ses plus grands avantages.

Zu den meisten Truhen, die zur Nutzung des Raums unter dem Bett eingesetzt werden, gehört ein Hydrauliksystem, welches das Anheben des Lattenrosts erleichtert. Ihr großes Fassungsvermögen, der einfache Zugang und die Sichtbarkeit des Inhalts gehören zu ihren Hauptvorteilen.

De meeste hutkoffers om de ruimte onder het bed te benutten bevatten een hydraulisch systeem zodat het minder zwaar is om de lattenbodem op te tillen. De grote opslagcapaciteit, de toegankelijkheid en het overzicht van de inhoud zijn de grootste voordelen.

Following lifestyle trends, designers are focusing on creating durable, easy-to-maintain bedroom furniture that is based on simple shapes, with little or no ornamentation. Above: Model of a closet with aluminium structure. Dapasso doors made of transparent glass with rail in the ceiling.

Selon les tendances des styles de vie, les designers créent des meubles pour les chambres à coucher en se basant sur des formes simples avec peu d'ornements ou aucun. En haut : modèle d'armoire avec une structure en aluminium. Portes Dapasso en verre transparent, avec un rail sur le plafond.

Im Einklang mit neuen Trends und Lebensstilen erschaffen die Designer lang haltbare Schlafzimmermöbel, ausgehen von einfachen Formen mit wenigen bzw. keinen Zierelementen. Oben: Schlafzimmerschrank mit Aluminiumstruktur. Türenmodell Dapasso aus transparentem Glas, aufgehängt an einer Deckenschiene.

Volgens de trends op het gebied van levensstijlen creëren ontwerpers duurzame slaapkamermeubels en baseren zij zich hiervoor op eenvoudige vormen met weinig of geen versiering. Boven: Model van een kast met aluminium structuur. Dapasso deuren gemaakt van doorzichtig glas met een plafondrail.

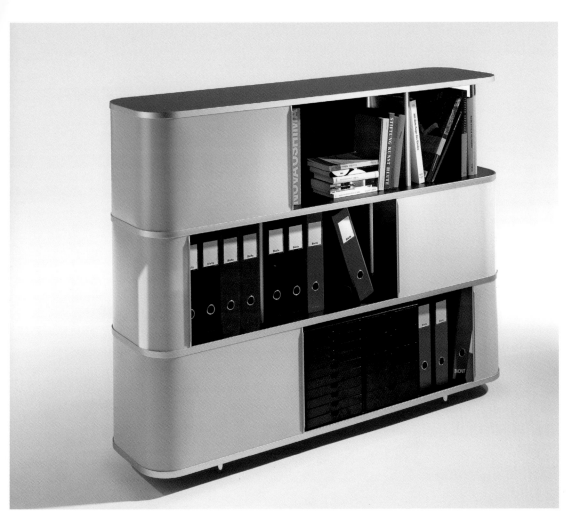

Wogg 18 sideboard designed by Benny Mosimann.
Double next page left: Wogg 22 slim shelf system model.

Modèle de buffet Wogg 18 conçu par Benny Mosimann.
Page suivante : modèle Wogg 22.

Sideboard Wogg 18. Design: Benny Mosimann.
Nächste Seite: Modell Schlankes Regalsystem Wogg 22.

Kastmodel Wogg 18 ontworpen door Benny Mosimann.
Volgende bladzijde: Model Wogg 22.

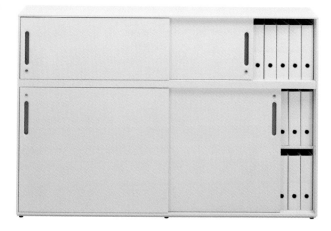

ACSU model, by Antonio Citterio for Vitra. Filing cabinets and the glass surface make up the table. The drawers are used for office materials.

Modèle **ACSU** d'Antonio Citterio pour Vitra. Les classeurs et la surface en verre forment la table. Les tiroirs servent à ranger du matériel de bureau.

Modell **ACSU** von Antonio Citterio für Vitra. Die Ordner und die Glasfläche bilden den Tisch. Die Schubladen dienen zur Aufbewahrung von Büromaterial.

ACSU ontworpen door Antonio Citterio voor Vitra. De archiefkasten en het glazen oppervlak vormen de tafel. De laden worden gebruikt om kantoormateriaal in te bewaren.

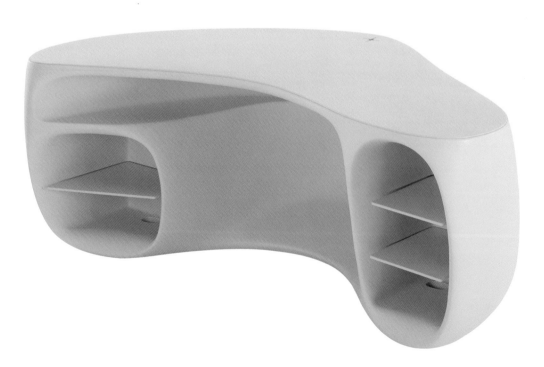

Left: **Baobab** model by Philippe Starck for Vitra. The use of plastic has allowed more flexibility in office furniture design. The ease of manufacturing helps simplify design and packaging but, most important, assembly by the user.

À gauche : Modèle **Baobab** de Philippe Starck pour Vitra. L'utilisation du plastique a permis plus de souplesse dans le design de meubles de bureau. Une fabrication facile contribue à une simplification du design et de l'emballage et, ce qui est plus important encore, du montage par l'utilisateur.

Links: Modell **Baobab** von Philippe Starck für Vitra. Der Einsatz von Kunststoff ermöglicht mehr Flexibilität beim Design von Büromöbeln. Der problemlose Herstellungsprozess trägt dazu bei, das Design, die Verpackung und nicht zuletzt die Montage durch den Endkunden zu vereinfachen.

Links: Model **Baobab** ontworpen door Philippe Starck voor Vitra. Het gebruik van kunststof heeft meer flexibiliteit in het ontwerp van kantoormeubels mogelijk gemaakt. Het vervaardigingsgemak helpt het ontwerp en de verpakking en wat nog belangrijker is, de montage door de gebruiker te vereenvoudigen.

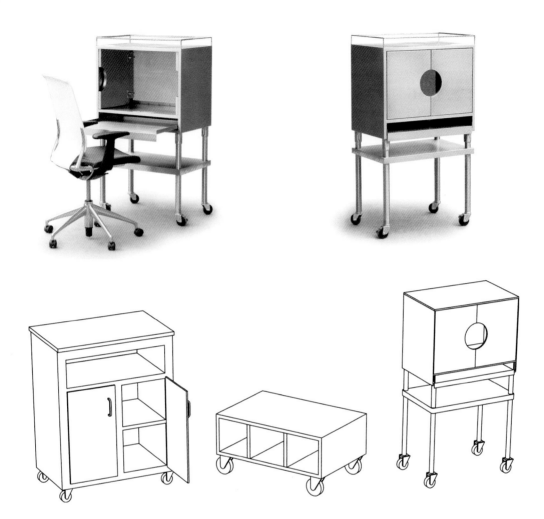

Cavour table by Carlo Mollino, 1949. Some pieces of furniture are design classics that manage to be contemporary.
Left: **Cavour** table (above), **Comacina** table, design from 1930 by Piero Bottoni (below).

Mesa **Cavour** de Carlo Mollino, 1949. Certains meubles sont des classiques du design qui s'arrangent pour être contemporains.
À gauche: table **Cavour** (en haut), table **Comacina,** design de Piero Bottoni, 1930 (en bas).

Tisch **Cavour** von Carlo Mollino, 1949. Einige Möbelstücke sind Designklassiker und gleichzeitig zeitgenössisch.
Links: Tisch **Cavour** (oben), Tisch **Comacina,** design: Piero Bottoni, 1930 (unten).

Cavour bureau, ontworpen door Carlo Mollino, 1949. Sommige meubels zijn design klassiekers die het gedaan weten te krijgen modern te blijven.
Links: **Cavour** bureau (boven), **Comacina** bureau, ontwerp van Piero Bottoni, 1930 (onder).

KABAFURNITURE. Bin for small office. Filing cabinets and the glass surface make up the table. The drawers are used for office materials.

KABAFURNITURE. Corbeille à papier pour petit bureau. Les classeurs et la surface en verre forment la table. Les tiroirs servent à ranger le matériel de bureau.

KABAFURNITURE. Papierkorb für das kleine Büro. Die Ordner und die Glasfläche bilden den Tisch. Die Schubladen dienen zur Aufbewahrung von Büromaterial.

KABAFURNITURE. Kleine kantoorprullenbak. De archiefkasten en het glazen oppervlak vormen de tafel. De laden worden gebruikt om kantoormateriaal in te bewaren.

www.kabalab.com

CARUSO model. Folding desk.

Modèle **CARUSO**. Bureau pliant

Modell **CARUSO**. Zusammenklappbarer Schreibtisch.

Model **CARUSO**. Opvouwbaar bureau.

BLOCS model is made of three
basic elements which can be
combined and adapted to the
available space in every home.

Le modèle **BLOCS** se compose
de trois éléments de base, qui
peuvent se combiner et s'adapter
à l'espace disponible dans la
maison.

Das Modell **BLOCS** besteht
aus drei Basiselementen, die
miteinander kombiniert und an
die in der Wohnung vorhandenen
Platzverhältnisse angepasst
werden können.

BLOCS bestaat uit drie
basiselementen die kunnen
worden gecombineerd en
aangepast aan de beschikbare
ruimte van elk huis.

PAM BAR. High sideboard with mirror, light, inner shelves and an extendable tray.
Above right: **PAM BAR**. Below right: **PAM BUFFETTE** model with lots of space.

PAM BAR. Buffet haut avec miroir, étagères intérieures légères et un plateau extensible.
En haut à droite : **PAM BAR**. En bas à droite : Modèle **PAM BUFFETTE** avec beaucoup d'espace.

PAM BAR. Hohes Sideboard mit Spiegel, leichten Regalböden und ausziehbarem Tablett.
Oben rechts: **PAM BAR**. Unten rechts: Modell **PAM BUFFETTE** mit besonders viel Stauraum.

PAM BAR. Buffetkast met spiegel, lichte schappen en een uitschuifbaar blad.
Rechtsboven: **PAM BAR**.
Rechtsonder: Model **PAM BUFFETTE** met veel ruimte.

DOOR model, book shelf with individual doors.

Modèle **DOOR**, étagère avec des portes individuelles.

Modell **DOOR**, Regal mit Einzeltüren.

Model **DOOR**, boekenkast met individuele deuren.

The **PAM shelf** is made with oak, cherry and ebony wood. The finishes can also be lacquered or of wengé wood.

La **tablette PAM** est en bois d'ébène, de cerisier et de chêne. Les finitions peuvent aussi être en laque ou en bois wengé.

Das **Regalbrett PAM** besteht aus Eben-, Kirschbaum- und Eichenholz. Die Oberfläche ist auch lackiert oder in Wenge erhältlich.

De **PAM schap** is gemaakt van ebben-, kersen- en eikenhout. De afwerkingen kunnen eveneens gelakt of van wengé zijn.

BLOCS model with lacquered finish. The modules can also be placed vertically.

Modèle **BLOCS** avec finition en laque. Les modules peuvent aussi se mettre en position verticale.

Modell **BLOCS** mit lackierter Oberfläche. Die Module können auch vertikal angebracht werden.

Model **BLOCS** met gelakte afwerking. De modules kunnen ook rechtop gezet worden.

www.rafemar.com

36E8 System. Design by Daniele Lago. Bright colors and geometric shapes work well together. They can form an eye-catching element or a central piece of furniture in a space

Système 36E8. Design : Daniele Lago. Les couleurs vives et les formes géométriques vont bien ensemble. Elles peuvent former un élément intéressant ou constituer le meuble principal dans un espace.

System 36E8. Design: Daniele Lago. Die lebendigen Farben und geometrischen Formen harmonieren ideal. Sie können ein ansprechendes Einzelelement oder auch das zentrale Möbelstück in einem Raum darstellen.

36E8-systeem. Ontwerp van Daniele Lago. De felle kleuren en geometrische vormen passen goed bij elkaar. Ze kunnen een aantrekkelijk element vormen of het hoofdmeubel in een ruimte zijn.

Thanks to the use of durable, low-maintenance materials that are also attractive, furniture design has evolved to produce more functional and comfortable pieces. Right: Stackable bins by **WALLBOX** with folding doors. *Bucs* with **SLIMDRAWER drawers**. Designed by Marino Rossato.

Du fait de l'utilisation de matériaux beaux, durables et faciles à entretenir, le design de meubles a évolué vers la production de pièces plus fonctionnelles et confortables.
À droite : Cubes empilables de **WALLBOX** avec portes pliantes. *Bucs* avec tiroirs **SLIMDRAWER**. Conçus par Marino Rossato.

Dank der Verwendung ansprechender, langlebiger und pflegeleichter Materialien hat sich das Möbeldesign in Richtung der Herstellung funktionellerer und komfortablerer Teile entwickelt. Rechts: Stabelbare Kastenmodule **WALLBOX** mit Falttüren. *Bucs* mit Schubladen **SLIMDRAWER**. Design: Marino Rossato.

Dankzij het gebruik van aantrekkelijke, duurzame en gemakkelijk te verzorgen materialen heeft de industriële vormgeving zich ontwikkeld tot de productie van functionelere en comfortabelere meubels. Rechts: Opstapelbare kubussen van **WALLBOX** met vouwdeuren. *Ladeblokken* **SLIMDRAWER**. Ontworpen door Marino Rossato.

SPEED shelf with sliding door.
Designed by Carlo Colombo.
Above right: The **SLIM shelf** behind
the sofa has diagonal separators.
Designed by Todd Bracher. Below
right: **SOHO table**. Designed by
Emaf Progetti.

Bibliothèque SPEED avec porte
coulissante. Conçue par Carlo
Colombo.
En haut à droite : La **bibliothèque
SLIM,** située derrière le canapé,
a des séparations en diagonale.
Conçue par Todd Bracher. En bas
à droite : table **SOHO**. Conçue par
Emaf Progetti.

Regal SPEED mit Schiebetür.
Design: Carlo Colombo.
Oben rechts: Das hinter dem Sofa
aufgestellte **Regal SLIM** verfügt
über diagonale Abtrennungen.
Design: Todd Bracher. Unten
rechts: Tisch **SOHO**. Design: Emaf
Progetti.

SPEED boekenkast met
schuifdeur. Ontworpen door Carlo
Colombo.
Rechtsboven: De **SLIM boekenkast**,
achter de bank, heeft schuine
tussenschotten. Ontworpen door
Todd Bracher. Rechtsonder: **SOHO
tafel** . Ontworpen door Emaf
Progetti.

Eames Storage Unit (ESU),
designed by Charles & Ray Eames,
1949. ESU units were one of the
first modular designs made of
standardized parts.

**Unité de stockage Eames (Eames
Storage Unit — ESU),** conçue par
Charles et Ray Eames, 1949. Les
ESU ont été l'un des premiers
designs modulaires formés
de pièces standard.

**Aufbewahrungssystem Eames
(Eames Storage Unit, ESU),**
entworfen von Charles & Ray
Eames, 1949. Die ESUs gehörten
zu den ersten modularen Designs
aus Standardteilen.

**Opbergkast Eames (Eames
Storage Unit — ESU),** ontworpen
door Charles & Ray Eames, 1949.
De ESU was een van de eerste
modulaire ontwerpen gemaakt
van standaardonderdelen.

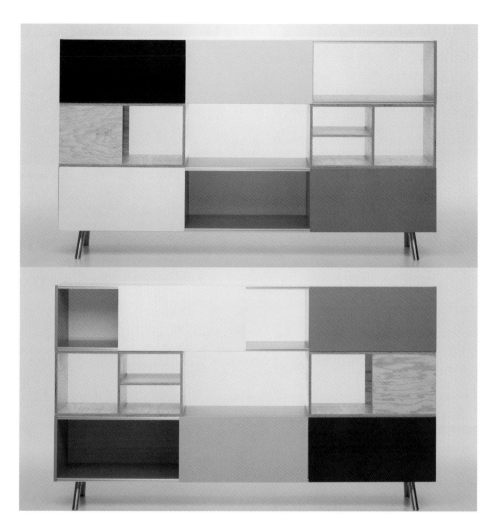

KAST Bookcase, designed by Maarten Van Severen. The designs have a pleasant minimalist look, reinforced by simple plywood and steel components, as well as painted panels.

Bibliothèque KAST, conçue par Maarten Van Severen. Elle présente un aspect minimaliste agréable, renforcé par le contreplaqué simple, les composants en acier et les panneaux peints.

Bücherregal KAST. Design: Maarten Van Severen. Das Möbel ist minimalistisch gestaltet, mit Sperrholz und Stahlkomponenten verstärkt und mit lackierten Fronten versehen.

KAST, ontworpen door Maarten Van Severen. Deze boekenkast heeft een aangenaam minimalistisch uiterlijk, versterkt door het eenvoudige gelaagde hout, de stalen componenten en geverfde panelen.

www.vitra.com
© Marc Eggimann / Vitra

The **RANDOM bookshelf** is made of wooden panels of medium thickness, painted in white. It can be attached to the wall and has adjustable legs. Designed by Neuland Industriedesign.
Below right: **BOX** model. Designed by James Irvine.

La **bibliothèque RANDOM** se compose de panneaux en bois d'épaisseur moyenne, peints en blanc. Elle peut s'accrocher au mur et a des pieds réglables. Conçue par Neuland Industriedesign.
En bas à droite : Modèle **BOX**.
Conçu par James Irvine.

Das **Regal RANDOM** besteht aus weiß lackierten Holzbrettern mittlerer Stärke. Es kann an die Wand gehängt oder auf die verstellbaren Füße montiert werden. Design: Neuland Industriedesign.
Unten rechts: Modell **BOX**. Design: James Irvine.

De **RANDOM boekenkast** is gemaakt van wit geverfde houten panelen van een gemiddelde dikte. Hij kan tegen de wand worden gezet en heeft verstelbare poten. Ontworpen door Neuland Industriedesign.
Rechtsonder: Model **BOX**.
Ontworpen door James Irvine.

STORAGE program of wardrobes
and walk-in closets. Design by
Piero Lissoni + CRS.

Programme d'armoires et
vestiaires STORAGE. Design
de Piero Lissoni + CRS.

Schrank- und Ankleidesystem
STORAGE. Design: Piero
Lissoni + CRS.

Assortiment STORAGE kasten.
Ontwerp van Piero Lissoni + CRS.

www.porro.com

Built-in, custom designs are an expression of quality and durability. However, catalogue storage modules allow us to choose the combination of elements best suited to our need. **STORAGE** program of wardrobes. Design by Piero Lissoni + CRS. Right: **STORAGE** program of wardrobes and walk-in closets. Design by Piero Lissoni + CRS.

Les designs encastrés faits sur mesure expriment la durabilité et la qualité. Les modules de stockage permettent de choisir la combinaison d'éléments selon les besoins. Vestiaires **STORAGE**. Design de Piero Lissoni + CRS. À droite : Armoires **STORAGE**. Design de Piero Lissoni + CRS.

Die maßgefertigten Einbauschränke stehen für Langlebigkeit und Qualität. Die Aufbewahrungsmodule ermöglichen die Auswahl unterschiedlicher Kombinationen je nach den individuellen Bedürfnissen. **Ankleidesystem STORAGE**. Design: Piero Lissoni + CRS. Rechts: Schränke **STORAGE**. Design: Piero Lissoni + CRS.

De op maat gemaakte inbouwkasten zijn een uiting van duurzaamheid en kwaliteit. De opbergmodules maken het mogelijk om de combinatie te kiezen die men nodig heeft. **STORAGE** kledingkasten. Ontwerp van Piero Lissoni + CRS. Rechts: **STORAGE** kasten. Ontwerp van Piero Lissoni + CRS.

www.porro.com

STORAGE program of wardrobes
and walk-in closets. Design by
Piero Lissoni + CRS.

Programme d'**armoires et
vestiaires STORAGE.** Design
de Piero Lissoni + CRS.

Schrank- und Ankleidesystem
STORAGE. Design: Piero
Lissoni + CRS.

Assortiment **STORAGE** kasten.
Ontwerp van Piero Lissoni + CRS.

www.porro.com

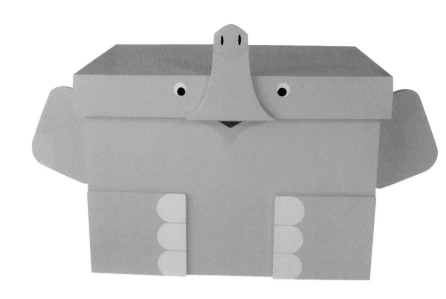

TOY boxes. These colorful boxes in the shapes of friendly animals help children organize their toys in a fun way.

TOY boxes. Ces jolis boîtes colorées, en forme d'animaux gentils, aident les enfants à ranger leurs jouets en s'amusant.

TOY boxes. Diese bunten Schachteln in Form lustiger Tiere helfen den Kindern beim Aufräumen ihrer Spielsachen.

TOY boxes. Deze kleurige boxen, met vriendelijke dierenvormen, helpen de kinderen om hun speelgoed op een leuke manier op te ruimen.

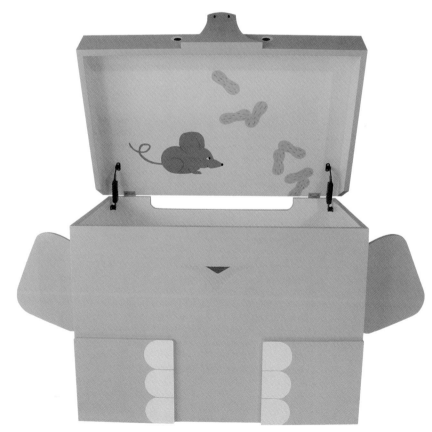

www.wildwoodcreationsinc.com

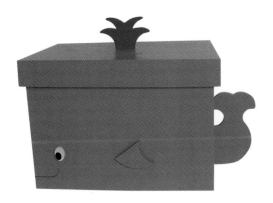

Boxes can be personalized in order to facilitate the search for items. Right: **SLIPS box**. Above: **JARDÍN box**. Below: **CARTAS box**.

Les boîtes peuvent être personnalisées pour faciliter la recherche des objets. À Droite : **Boîte SLIPS**. En haut : **Boîte JARDÍN**. En bas : **Boîte CARTAS**

Die Schachteln können individuell gestaltet werden, um das Auffinden von Gegenständen zu erleichtern. Rechts: **Schachtel SLIPS**. Oben: **Schachtel GARTEN**. Unten: **Schachtel BRIEFE**.

Men kan een persoonlijk tintje aan de boxen geven zodat het makkelijker is om de spulletjes te vinden. Rechts: **SLIPS box**. Boven: **JARDÍN box**. Onder: **CARTAS box**.

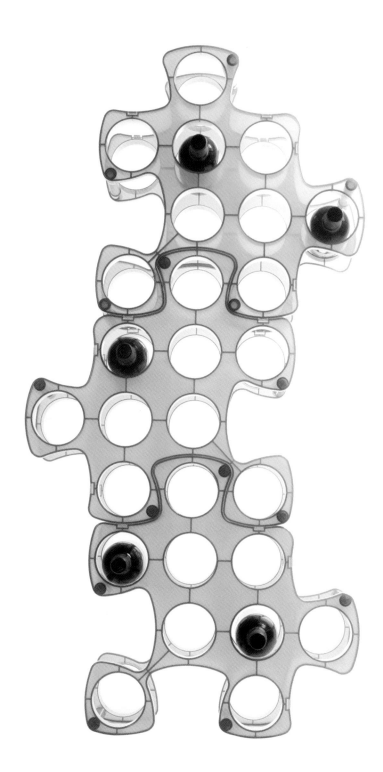

PUZZLE WINE RACK. The modules of the puzzle-shaped wine rack can be configured in multiple colors and shapes.

PUZZLE WINE RACK. Les modules de ce casier à bouteilles en forme de puzzle peuvent adopter de nombreuses formes et couleurs.

PUZZLE WINE RACK. Die Module dieses Weinregals sind wie Puzzleteile geformt und können in zahlreichen Formen und Farben miteinander kombiniert werden.

PUZZLE WINE RACK. De modules van dit wijnrek in de vorm van een puzzel kunnen in vele vormen en kleuren worden opgebouwd.

www.dagandesign.com
© James Kayten

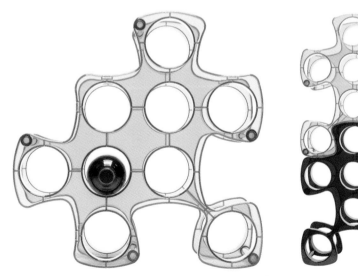

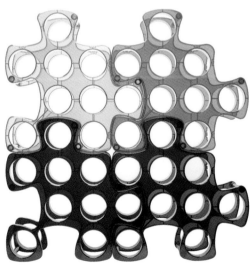

BOX model. Design by Ronan
& Erwan Bouroullec.

Modèle **BOX**. Conçu par Ronan et
Erwan Bouroullec.

Modell **BOX**. Design: Ronan &
Erwan Bouroullec.

BOX model. Ontworpen door Ronan
& Erwan Bouroullec.

FLYING VEE book case. This simple right-angle element allows us to create our own composition. It can be used as a shelf or bookend.

Étagère FLYING VEE. Cet élément simple et à angles droits nous permet de créer notre propre composition. Il peut être utilisé comme rayon ou pour ranger des livres.

Regal FLYING VEE. Dieses schlichte, rechtwinklige Element erlaubt die Kreation eigener Regalkombinationen. Sie kann als Regalbrett oder Buchstütze verwendet werden.

FLYING VEE boekenrek. Met dit eenvoudige element met rechte hoeken kunnen we onze eigen samenstelling maken. Hij kan gebruikt worden als schap of als boekensteun.

PILAR BOX bins. Design by Hans Eichenberger. This colorful, utilitarian cylinder adapts to diverse uses. It is attractive enough for any room of the house.

Cubes PILAR BOX. Design de Hans Eichenberger. Ce cylindre utile et coloré s'adapte à différentes utilisations. Il peut être utilisé dans n'importe quelle pièce de la maison.

LITFASS-SÄULE. Design: Hans Eichenberger. Dieser nützliche, farbenfrohe Zylinder kann vielseitig eingesetzt werden. Er bietet sich für die Verwendung in jedem beliebigen Raum an.

PILAR BOX. Ontwerp van Hans Eichenberger. Deze nuttige, kleurige cilinder past zich aan diverse toepassingen aan. Hij kan gebruikt worden in elke kamer van de woning.

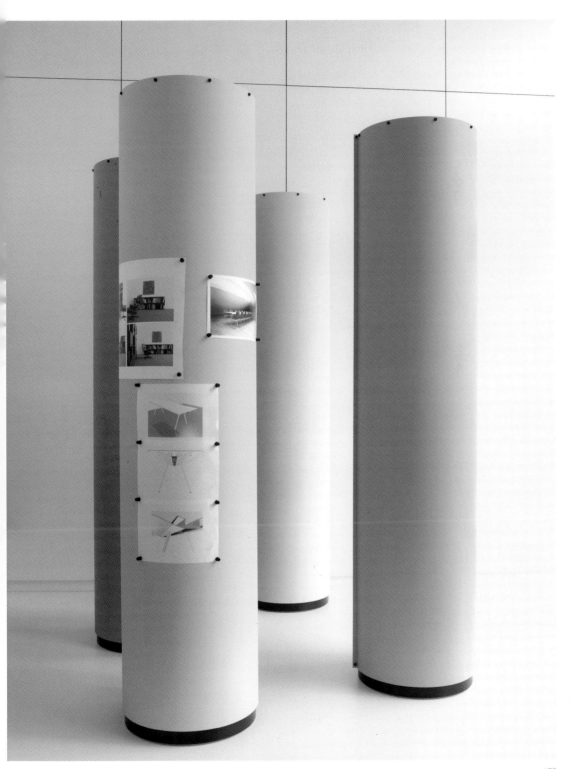

WOGG 12 Sideboard STRIPE bin. Design by Robert and Trix Haussmann. Collapsible low cabinets make a practical chest of drawers, and they make the moving experience less painful.

Buffet WOGG 12 cube STRIPE. Design de Robert et Trix Haussmann. Les armoires pliantes de la partie inférieure forment une commode pratique et rendent les déménagements moins ennuyeux.

Sideboard WOGG 12, STRIPE. Design: Robert und Trix Haussmann. Die klappbaren Schrankelemente im unteren Teil dienen als praktische Kommode und machen Umzüge angenehmer.

WOGG 12 buffetkast STRIPE. Ontwerp van Robert en Trix Haussmann. De aan de onderkant opvouwbare kasten vormen een praktische commode en maken dat verhuizingen minder vervelend zijn.

www.wogg.ch

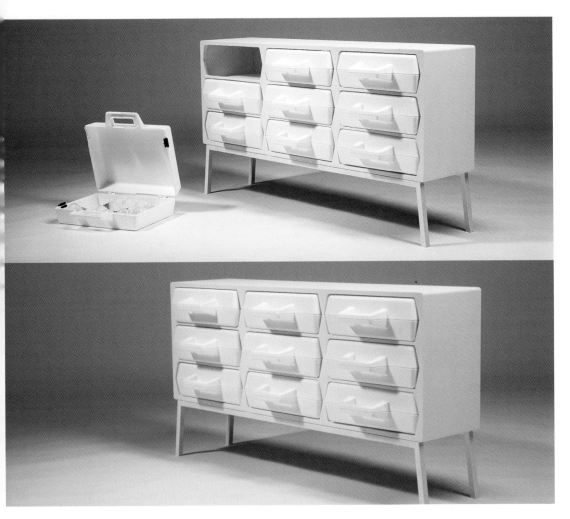

TAKE OUT model. Design by Klaus Aalto

Modèle **TAKE OUT.** Design de Klaus Aalto.

Modell **TAKE OUT.** Design: Klaus Aalto.

Model **TAKE OUT.** Ontwerp van Klaus Aalto.

Above and right: **SHELF LIFE book shelf**. Next double page left: **SHELF LIFE** desk. A chair and a desk come out of the bookcase when needed and can disappear again as part of the structure to clear up floor space.

En haut à droite : **étagère SHELF LIFE**. Page suivante : **Bureau SHELF LIFE**. Une chaise et un bureau modulaires qui se plient et se déplient en fonction des besoins d'espace.

Oben und rechts: **Regal SHELF LIFE**. Nächste Seite: **Schreibtisch SHELF LIFE**. Der modulare Stuhl und Schreibtisch können je nach Platzanforderungen ineinandergeschoben oder auseinandergezogen werden.

Boven en rechts: **SHELF LIFE rek**. Volgende bladzijde: **SHELF LIFE bureau**. Een modulaire stoel en bureau die op- en uitgevouwen worden op grond van de behoefte van de ruimte.

Watershed

The project was conceived as a refuge which can be dismantled and recycled where the owner, writer and philosopher would be inspired without the building obstructing the surrounding landscape. The materials used and the arrangement of the windows allows the worker an exceptional view of the landscape.

Dieses Projekt wurde als leicht zerlegbarer und wiederverwendbarer Rückzugsort konzipiert, an dem sich der Eigentümer Inspiration verschaffen und bequem arbeiten kann, ohne dass das Gebäude die optische Wirkung der umgebenden Landschaft beeinträchtigt. Wie bei einer Hütte zur Vogelbeobachtung erlauben die verwendeten Materialien und die Anordnung der Fenster dem Eigentümer einen einzigartigen Blick auf die lebendige Flora und Fauna.

Ce projet a été conçu comme un refuge pouvant être démonté et recyclé. Son propriétaire, écrivain et philosophe, pourra y trouver l'inspiration sans que le bâtiment ne cache le paysage. Les matériaux utilisés et l'agencement des fenêtres offrent une vue exceptionnelle sur un paysage où la flore et la faune abondent.

Dit project is bedacht als een toevluchtsoord dat kan worden gedemonteerd en opnieuw worden opgebouwd en waarin de eigenaar inspiratie kan opdoen en comfortabel kan werken zonder dat het gebouw een belemmering vormt in het omringende landschap. De materialen die gebruikt zijn en de manier waarop de ramen zijn geplaatst, bieden de werker fantastische uitzichten over het levendige landschap met zijn flora en fauna.

FLOAT Architectural Research & Design
Wren, OR, USA
www.floatarch.com

Location: Wren, OR, USA
Area: 9,30 m² / 100 sqft

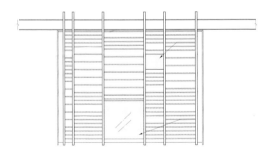

West elevation

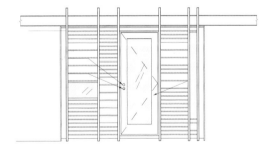

East elevation

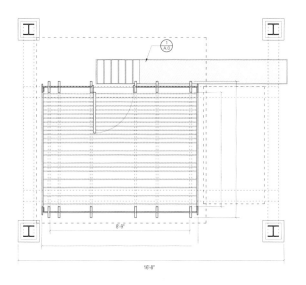

Roof plan

Architecture studio

The architect's studio occupies some 30 m² / 323 sqft and has been designed in the form of a glass cube which, despite being completely transparent, restrains the connection with the outsider. The uneven terrain has been put to good use to build the studio partially underground in such a way as to be completely integrated into the landscape.

Dieses 30 m² große Architekturbüro wurde in Form eines Glaswürfels gestaltet, der vollständig transparent und trotzdem gegen zu große Einblicke von außen geschützt ist. Das unebene Terrain wurde genutzt, um das Büro teilweise unterirdisch anzulegen. Auf diese Weise wurde das Projekt gänzlich in die Landschaft integriert.

Le studio de l'architecte occupe environ 30m² / 323 sqft et a été conçu sous forme d'un cube de verre qui, bien qu'étant parfaitement transparent, restreint le contact avec l'extérieur. Le terrain irrégulier a très bien été exploité en construisant le studio en partie sous terre, de façon à ce qu'il soit parfaitement intégré dans le paysage.

Het architectenbureau beslaat ongeveer 30 m² en is ontworpen in de vorm van een glazen kubus die, ondanks dat hij helemaal transparent is, de toegankelijkheid voor de buitenstaander begrenst. Er is profijt getrokken uit het oneven terrein en de werkkamer is half onder de grond gebouwd op een zodanige manier dat hij volledig geïntegreerd is in het landschap.

Jorge Armando Rodríguez Bello
Bogotá, Colombia
rodriguezbello2000@yahoo.com

Location: Bogotá, Colombia
Area: 30 m² / 323 sqft

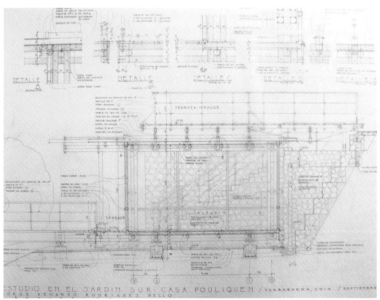

Detailed freehand cross-section drawing

Domestic Curio-Box

© Edge Design Institute

In order to create as complete a home as possible, an interactive space with multifold capacities was created. Considering the notions of change, choice, and connectivity, the architects designed components that play "hide-and-seek" with the inhabitants, a smart way of optimizing convenience and efficiency for compact living.

Um ein möglichst vollständiges Zuhause zu erschaffen, wurde ein interaktiver Raum mit vielfältigen Möglichkeiten kreiert. Unter Berücksichtigung der Aspekte Veränderung, Auswahl und Konnektivität haben die Architekten Komponenten entworfen, die mit den Bewohnern Verstecken spielen eine intelligente Art und Weise, um Zweckmäßigkeit und Effektivität für kompaktes Wohnen zu optimieren.

Afin de créer une maison aussi complète que possible, le choix s'est porté sur un espace interactif aux possibilités multiples. Prenant en considération les notions de changement, de choix et de proximité, les architectes ont conçu des éléments qui jouent à « cache-cache » avec les habitants, une manière intelligente d'optimiser l'efficacité selon le concept de « compact living ».

Om een zo compleet mogelijke woning te krijgen, is een interactieve ruimte met een groot aantal capaciteiten. In verband met de concepten van verandering, keuze en verbondenheid, hebben de architecten gekozen voor componenten die verstoppertje lijken te spelen met de bewoners, een slimme manier van het optimaal benutten van comfort en efficiëntie voor een compacte manier van wonen.

Gary Chang, Jerry She
Hong Kong, China
www.edgedesign.com.hk

Location: Hong Kong, China
Area: 32 m² / 344.5 sqft

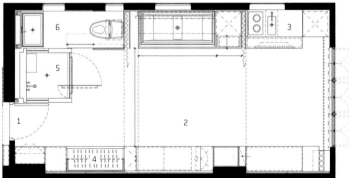

Floor plan

1. Entry
2. Living
3. Kitchen
4. Closet
5. Shower
6. Bathroom

Hanse Colani Rotorhaus

© Hanse Colani Rotorhaus

The aim of this prefabricated house was to achieve the maximum possible amount of interior space in a confined floor area. One single space would perform various functions. The kitchen, bedroom, and part of the bathroom are set in a rotating cylinder with an innovative and futuristic design.

Dieses Fertighaus hat zum Ziel, auf einer beengten Bodenfläche den größten nutzbaren Innenraum zu bieten. Ein einziger Raum sollte mehrere Funktionen erfüllen. Küche, Schlafzimmer und ein Teil des Badezimmers befinden sich in einem drehbaren Zylinder mit innovativem und futuristischem Design.

L'objectif de cette maison préfabriquée était d'avoir un volume intérieur maximum avec une surface au sol réduite. Un seul espace devrait remplir plusieurs fonctions. La cuisine, la chambre et une partie de la salle de bains se trouvent dans un cylindre rotatif au design futuriste et innovant.

Het doel van dit geprefabriceerde huis was om zo veel mogelijk ruimte te creëren op een beperkt grondoppervlak. Een enkele ruimte zou meerdere functies moeten hebben. De keuken, slaapkamer en een deel van de badkamer bevinden zich in een draaibare cylinder met een innovatief en futuristisch ontwerp.

 Luigi Colani, Hanse Haus
Oberleichtersbach, Germany
www.hanse-haus.de

Location: Oberleichtersbach, Germany
Area: 36 m² / 387 sqft

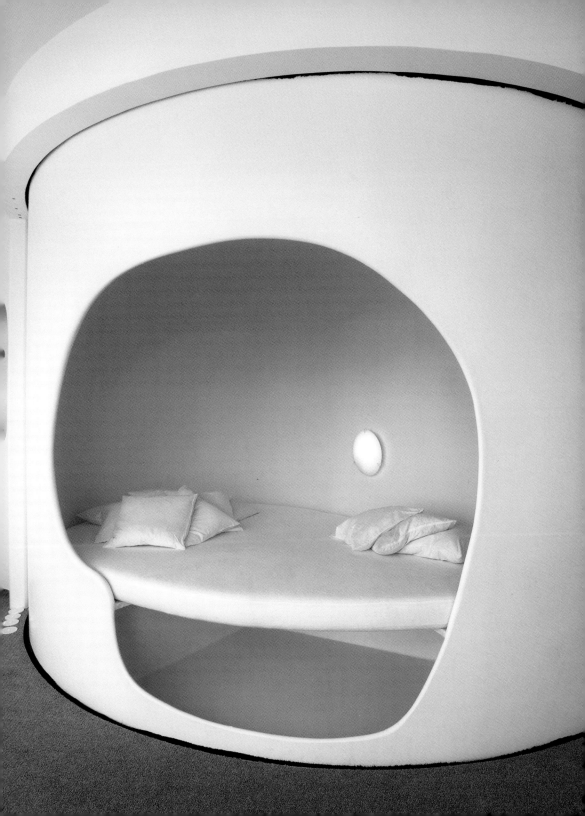

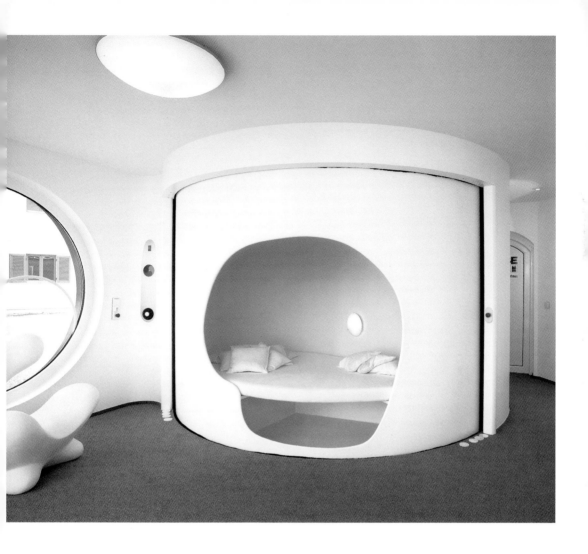

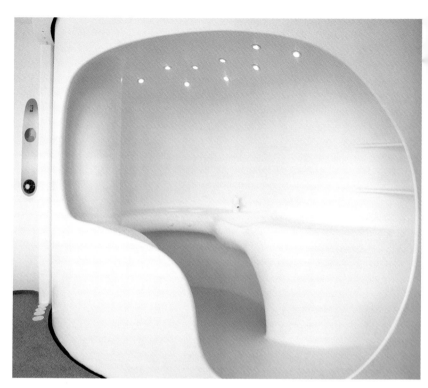

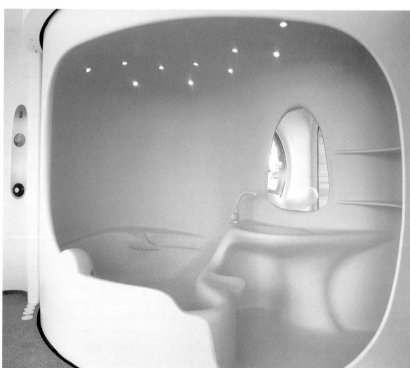

Wenger House

© Peter Wenger

This tiny vacation home was designed as a place to spend short periods in the mountains. When the house is occupied, the western façade, which is also a wooden platform, opens completely to create a balcony that extends the kitchen cabinets and the triangular doors in the outer wall, making the space truly multifunctional.

Dieses winzige Ferienhaus steht auf fast 2000 Meter Höhe in den Schweizer Alpen und wurde für kurze Aufenthalte in den Bergen entworfen. Ist das Haus belegt, öffnet sich die aus einer hölzernen Plattform bestehende Westfassade und bildet einen Balkon als Erweiterung der Küche und der dreieckigen Türen in der Außenwand. So wird aus dem Haus ein wahrhaft multifunktionaler Raum.

Cette petite maison de vacances a été conçue pour de cours séjours dans les montagnes. Lorsque la maison est occupée, la façade ouest, qui est également une plate-forme en bois, s'ouvre entièrement pour créer un balcon qui prolonge la cuisine et des portes triangulaires dans le mur extérieur, rendant l'espace véritablement multifonctionnel.

Deze kleine vakantiewoning was ontworpen als een plaats om korte bergvakanties door te brengen. Als het huis bezet is opent de westgevel, die bovendien een houten platform is, zich volledig, zodat een balkon ontstaat waardoor de keukenmeubels en de driehoekige deuren in de buitenmuur worden uitgebreid. Op die manier wordt de ruimte echt multifunctioneel.

Heidi and Peter Wenger
Brig, Switzerland
Tel: +027 923 38 88

Location: Rosswald, Switzerland
Area: 40 m² / 430 sqft

214

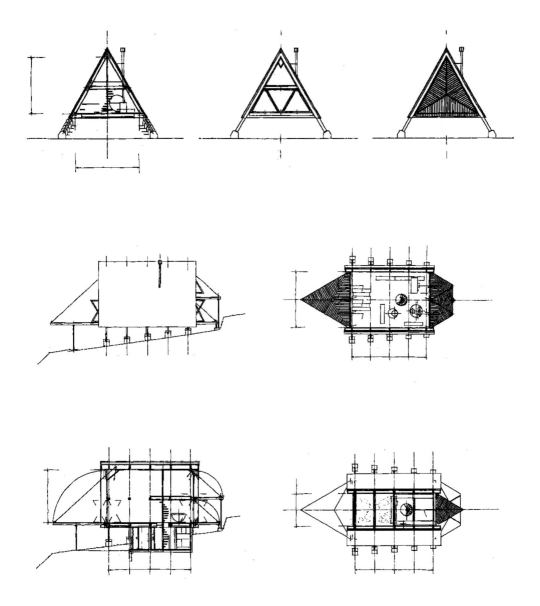

Opposites Attract

© diephotodesigner.de

Restored to its original glory, this former stately residential building now houses seventy-two impeccably designed apartments. Playing with the opposites found in Berlin interiors —mainly concrete and wood—the architects utilize the sensations of warmth and coolness, as well as smooth and rough textures in the design of this apartment.

Dieses ehemals herrschaftliche Wohngebäude strahlt erneut in seiner alten Pracht und beherbergt nun zwei makellos designte Appartements. Die Architekten spielten mit den Gegensätzen Berliner Inneneinrichtungen (im Wesentlichen Beton und Holz) und nutzten die Wirkung von Wärme und Kälte sowie die glatten und rauen Texturen für die Gestaltung dieser Wohnung.

Ayant retrouvé toute sa splendeur originale, cet ancien immeuble résidentiel abrite désormais soixante-douze appartements. En jouant avec l'association des contraires que l'on retrouve dans les intérieurs berlinois (principalement le béton et le bois), les architectes ont exploité les sensations de chaud et de froid, de même que les textures lisses et rugueuses, pour le design de cet appartement.

Dit voormalige herenhuis is in ere hersteld en herbergt nu tweeënzeventig woningen met een onberispelijk design. Door te spelen met de tegenstellingen die in Berlijnse interieuren wordt aangetroffen – met name beton en hout – hebben de architecten bij het ontwerp van dit appartement gespeeld met de sensaties van warmte en koelte en ook met gladde en ruwe texturen.

 Silvestrin Salmaso Architects
Milan, Italy
www.salmasosilvestrin.com

Location: Hong Kong, China
Area: 45 m² / 484 sqft

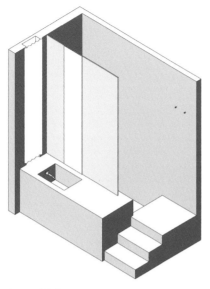

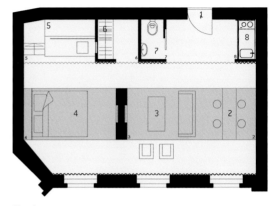

Axonometric bathroom

Floor plan

1. Entry
2. Study
3. Living room
4. Bedroom
5. Bathroom
6. Closet
7. Toilet
8. Kitchen

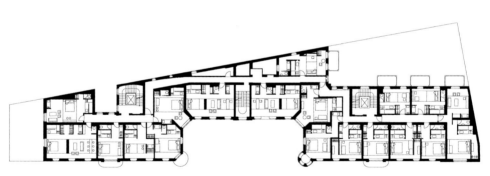

General floor plan

Apartment in Paris

© André Thoraval

This small 484 square-foot space consists of one ground level and an attic. The façade of the home reveals bare brickwork, with translucent glass and green-painted carpentry that mixes with the patio vegetation. This small studio space is given a greater sense of spaciousness by way of white walls that contrast sharply with the black stone-tiled floor.

Dieses nur 45 m² große Zuhause besteht aus einem Erdgeschoss und einem Dachgeschoss. Die Fassade des Hauses besteht aus Sichtziegeln und Milchglasscheiben mit grün lackierten Rahmen und harmoniert mit der Vegetation des Innenhofs. Den kleinen Räumen wird durch die weißen Wände, die mit dem schwarz gefliesten Boden in Kontrast stehen, Weite verliehen.

Ce petit espace de 45 m² comprend un rez-de-chaussée et une mezzanine. La façade se compose d'un mur en brique, de vitres translucides et d'une charpente verte se mêlant à la végétation de la cour. Ce petit studio s'est vu doter d'une plus grande sensation d'espace grâce à des murs blancs contrastant fortement avec le sol pavé de pierre noire.

Deze kleine ruimte van 45 vierkante meter bestaat uit een begane grond en bovenverdieping. De gevel van de woning is opgetrokken uit baksteen, met doorschijnend glas en groengeverfd timmerwerk, waarin de plantengroei van de binnenplaats is verweven. Dit kleine eenkamerappartement lijkt groter door de manier waarop de witte muren sterk contrasteren met de zwarte tegelvloer.

@ Flora de Gastines & Anne Geistdoerfer/Double G
Paris, France
www.doubleg.fr

Location: Paris, France
Area: 45 m² / 484 sqft

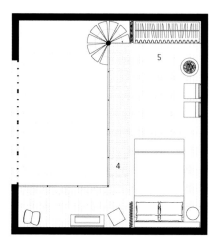

Upper level floor plan

Lower level floor plan

1. Living room
2. Bathroom
3. Kitchen
4. Bedroom
5. Dressing area

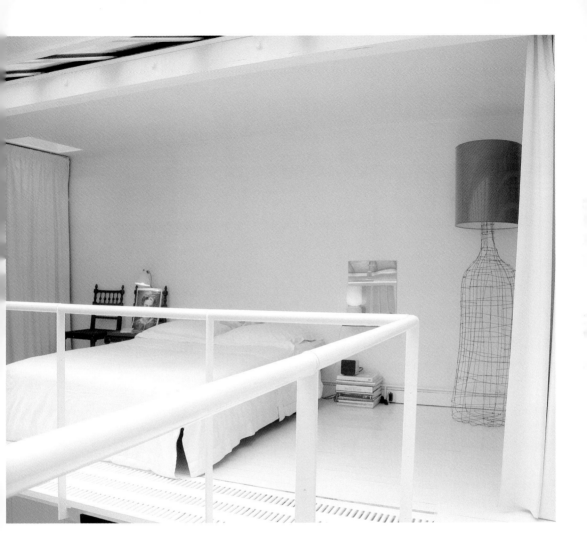

Micro Miracle

© Javier Haddad Conde

This former studio apartment was transformed by creating a bedroom, abundant storage space, and a casual modern look, without adding square feet. A micro-bedroom with a queen-sized bed and storage below was inserted in what used to be a walk-in closet.

Dieses ehemalige Studio-Apartment erhielt beim Umbau ein Schlafzimmer, viel Stauraum und einen lässigen, modernen Look, ohne dass auch nur ein einziger Quadratmeter Fläche hinzugefügt wurde. Ein Mini-Schlafzimmer mit einem Queen-Size-Bett und darunter befindlichen Aufbewahrungsfächern wurde in den früheren begehbaren Kleiderschrank eingesetzt.

Cet ancien studio a été transformé avec la création d'une chambre, de nombreux espaces de rangements et un look moderne décontracté, le tout sans qu'un centimètre carré ne soit ajouté. Une micro-chambre avec un lit queen size et des rangements en dessous a pris place dans ce qui était auparavant un dressing.

Dit voormalige eenkamerappartement is verbouwd en heeft nu tevens een slaapkamer, een grote opslagruimte en een informele, moderne look, zonder dat er oppervlakte is bijgekomen. Een micro-slaapkamer met een tweepersoons bed met bergruimte eronder, is ingebouwd in wat eerder een inloopkast was.

CCS Architecture
San Francisco, CA, USA
www.ccs-architecture.com

Location: New York, NY, USA
Area: 46 m² / 500 sqft

Original floor plan

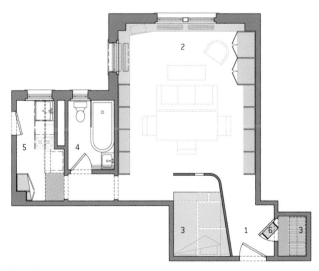

Current floor plan

1. Entry
2. Living room
3. Bedrooms
4. Bathroom
5. Kitchen
6. Closet

Gramercy Park Apartment

© John M. Hall

The remodeling of this loft, originally devoid of actual rooms, resulted in a great redistribution effort. Aside from designing a bedroom, solutions were sought for maximizing the use of natural light in the main rooms and achieving an agreeable *pied-à-terre*.

Beim Umbau dieses Lofts, das zuvor keines der derzeitigen Zimmer aufwies, stand die Neuverteilung der Räume im Vordergrund. Man entwarf ein Schlafzimmer und suchte nach Lösungen, um das Tageslicht in den wichtigsten Räumen optimal zu nutzen und eine einladende Zweitwohnung zu kreieren.

Le réaménagement de ce loft, dépourvu de véritables pièces, a supposé un grand effort de redistribution. Mis à part la création d'une chambre, il a fallu trouver des solutions pour optimiser l'utilisation de la lumière naturelle dans les pièces principales et créer ainsi un pied-à-terre agréable.

De verbouwing van deze loft, waarin aanvankelijk geen echte kamers waren, heeft geresulteerd in een grote prestatie voor wat betreft de herindeling. Naast het feit dat er een slaapkamer is ontworpen, zijn er oplossingen gezocht om het daglicht in de belangrijkste woonruimtes zo optimaal mogelijk te benutten en om een aangename pied-à-terre te verkrijgen.

 Page Goolrick
New York, NY, USA
www.goolrick.com

Location: New York, NY, USA
Area: 52 m² / 560 sqft

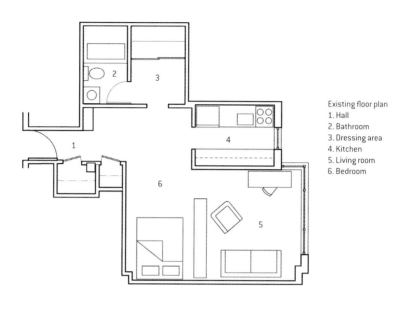

Existing floor plan
1. Hall
2. Bathroom
3. Dressing area
4. Kitchen
5. Living room
6. Bedroom

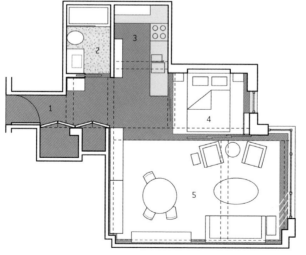

New floor plan
1. Hall
2. Bathroom
3. Kitchen
4. Bedroom
5. Living room-dining room

Apartment in Chelsea

© James Wilkins

The refurbishment of this one-bedroom apartment involved the creation of a work area, a change in the layout of the kitchen, and the modification of some partitions. The walls have been replaced by mobile panels to provide fluidity, as well as to gain luminosity and views of the exterior.

Im Zuge der Renovierung dieser Zweizimmerwohnung wurde ein Arbeitsplatz geschaffen, die Anordnung der Küche wurde verändert und einige Trennelemente wurden modifiziert. Die Wände wurden durch bewegliche Paneele ersetzt, um Leichtigkeit zu vermitteln, den Lichteinfall zu vergrößern und den Blick nach außen zu ermöglichen.

La remise à neuf de ce T2 impliquait la création d'un espace de travail, un réagencement de la cuisine et la modification de quelques cloisons. Les murs ont été remplacés par des panneaux mobiles afin d'offrir une certaine fluidité mais également de gagner en luminosité et d'avoir plus de vues sur l'extérieur.

De verbouwing van dit eenkamerappartement betrof de creatie van een werkruimte, een wijziging in de indeling van de keuken en een verandering van een aantal tussenmuren. De muren zijn vervangen door beweegbare panelen, zodat meer ruimtelijkheid onstaat en er meer licht en uitzichten naar buiten wordt verkregen.

 Rafael Berkowitz / RB Architect
New York, NY, USA
www.rbarchitect.com

Location: New York, NY, USA
Area: 53 m² / 570 sqft

Plan

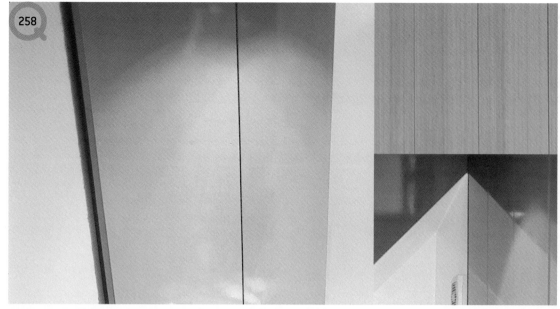

Fagelstraat

© Jeroen Dellensen

This small apartment has been totally refurbished to endow it with greater modernity and space; it is long and thin, with a central module separating the entrance from the living area. It proved possible to combine the kitchen, bathroom, and closets into one solid but elegant unit with pure, simple lines.

Diese kleine Wohnung wurde von Grund auf umgebaut, um ihr eine moderne Gestaltung zu verleihen und Platz zu gewinnen. Der Grundriss ist lang und schmal und verfügt über ein zentrales Modul, das Eingangs- und Wohnbereich voneinander trennt. Küche, Badezimmer und Schränke konnten in dieser eleganten Einheit mit gerader Linienführung vereint werden.

Ce petit appartement a été entièrement remis à neuf dans le but de gagner en espace et de lui donner un aspect plus moderne. Il est tout en longueur, avec un module central séparant l'entrée de la pièce à vivre. Il s'est avéré possible de combiner la cuisine, la salle de bains et les placards en une seule unité, solide mais élégante, aux lignes simples et épurées.

Dit kleine appartement is helemaal verbouwd om het moderner en ruimer te maken; het is lang maar smal en heeft een middenmodule die de ingang van het woongedeelte scheidt. Het bleek mogelijk om keuken, badkamer en kasten te combineren en om er een solide doch elegante eenheid van te maken, met pure en eenvoudige lijnen.

i29 Office for Spatial Design
Duivendrecht, Netherlands
www.i29.nl

Location: Amsterdam, Netherlands
Area: 55 m² / 592 sqft

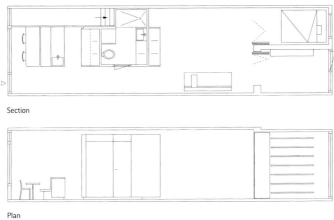

Section

Plan

Estudio in Berga

© David Cardelús

The classic loft or attic conversion to create a new place for a study calls for a good refurbishment project in order to transform this room into one which is pleasant and acoustically and thermally insulated. One very popular resort is to make the most of a difference in floor levels to create two different areas.

Die Umgestaltung eines klassischen Lofts oder Dachbodens in einen Arbeitsbereich erfordert eine wohlüberlegte Renovierung, welche die notwendige Schall- und Wärmeisolierung berücksichtigt, damit die neuen Räumlichkeiten wohnlich werden. Weit verbreitet ist die Maßnahme, verschiedene Bodenhöhen zu integrieren, um zwei unterschiedliche Bereiche zu schaffen.

La conversion classique d'un loft ou d'un grenier en un nouvel espace de travail suppose un important projet de remise à neuf visant à transformer cette pièce en un endroit agréable, doté d'une bonne isolation thermique et acoustique. Beaucoup de personnes choisissent d'exploiter différents niveaux du sol pour créer deux zones distinctes.

De klassieke verbouwing van een loft of zolderverdieping om een nieuwe plaats voor een eenkamerappartement te creëren, vereist een goed verbouwingsproject om deze ruimte te verbouwen tot een aangename en geïsoleerde plaats. Een zeer populair hulpmiddel is om maximaal profijt te trekken uit twee verschillende hoogtes.

 Agustí Costa
Berga, Spain
www.agusticosta.com

Location: Berga, Spain
Area: 58 m² / 624 sqft

Design plan

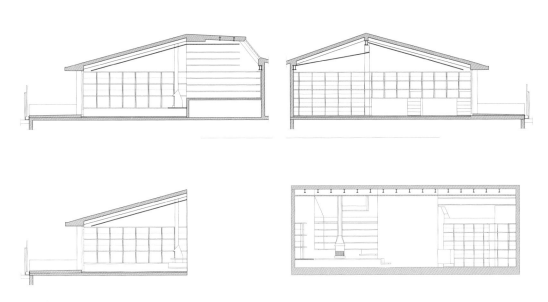

Sections

Oriental Style

© Ulso Tang

The dividing walls of this former two-bedroom apartment were knocked down to create the ultimate deluxe urban pad in Hong Kong's Sham Tseng area. Combining white walls and tiles with transparent and almost futuristic pieces of furniture and reflective materials, Philip Tang and Brian Ip of Ptang Studio created a splendid residential interior.

Die Trennwände dieser ehemaligen Dreizimmerwohnung wurden eingerissen, um die ultimative Luxuswohnung in der Hongkonger Gegend Sham Tseng. Mittels der Kombination von weißen Wänden und Fliesen mit transparenten, nahezu futuristischen Möbelstücken und reflektierenden Materialien haben Philip Tang und Brian Ip vom Ptang Studio eine großartige Wohnumgebung erschaffen.

Les cloisons de cet ancien T3 ont été abattues pour créer cette somptueuse maison urbaine, extrêmement tendance, au cœur du quartier Sham Tseng de Hong Kong. Philip Tang et Brian Ip, du Ptang Studio, ont créé ce sublime intérieur en associant murs et carreaux blanc, meubles transparents, presque futuristes, et matériaux réfléchissants.

De tussenmuren van dit voormalige tweekamerappartement zijn uitgebroken om een uiterst luxe woning te creëren in de zone Sham Tseng in Hong Kong. Door de combinatie van witte muren en tegels met transparante en bijna futuristische meubelstukken en refecterende materialen, hebben Philip Tang en Brian Ip van Ptang Studio een schitterend interieur gecreëerd.

 Ptang Studio Limited
Hong Kong, China
www.ptangstudio.com

Location: Hong Kong, China
Area: 58,5 m² / 630 sqft

Floor plan

1. Entrance
2. Dining room
3. Kitchen
4. Living room
5. Revolving cabinet
6. Bedroom
7. Bathroom
8. Balcony

Lina House

© Caramel Architekten

The limited floor space, coupled with financial restrictions, determined what type of construction was possible, and it was finally decided to design a module that could easily be removed or enlarged in the future. A glass wall floods the interior space with light, as well as opening it to the exterior: a wooded area on the grounds of the house.

Die begrenzte Grundfläche und der finanzielle Rahmen bestimmten die Art der möglichen Bauform. Schließlich wurde entschieden, ein Modul zu entwerfen, das leicht abgebaut bzw. in der Zukunft erweitert werden kann. Eine Glaswand durchflutet den Innenraum mit Tageslicht und öffnet ihn nach außen, hin zu einer mit Holz verkleideten Fläche am Boden.

La surface au sol réduite, associée aux restrictions budgétaires, a déterminé le type de construction possible. Ainsi, il a été décidé de concevoir un module qui pourrait facilement être enlevé ou agrandi dans l'avenir. L'espace intérieur est baigné de lumière grâce à un mur en verre qui crée également une ouverture sur l'extérieur : une surface en bois autour de la maison.

De kleine ruimte en de beperke financiële middelen waren bepalend voor het soort constructie. Uiteindelijk werd besloten om een module te ontwerpen die in de toekomst eenvoudig kon worden verwijderd of uitgebreid. Een glazen muur voorziet de ruimte van licht en stelt hem open naar buiten: een bosrijk gebied aan de voet van het huis.

Caramel Architekten
Vienna, Austria
www.caramel.at

Location: Linz, Austria
Area: 59 m² / 639 sqft

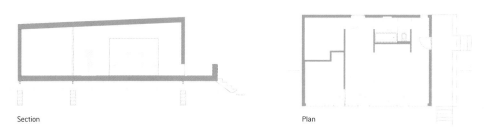

Section

Plan

Fanling Center

© Philip Tang

This apartment is situated in a quiet residential neighborhood in New Territories, in Hong Kong. Its minimalist aesthetic is reinforced by the use of a specific color palette that is repeated throughout each room. The color white is the true protagonist here, seconded by apple green, wood tones and red brushstrokes that create a fresh and spring-like ambience.

Diese Wohnung liegt in einer ruhigen Wohngegend im Gebiet New Territories in Hongkong. Ihre minimalistische Ästhetik wird durch den Einsatz einer spezifischen Farbpalette in allen Räumen betont. Die Farbe Weiß spielt hier die Hauptrolle, gefolgt von Apfelgrün, Holztönen und roten Farbtupfern, die ein frisches, frühlingshaftes Ambiente kreieren.

Cet appartement se situe dans un quartier résidentiel très calme des Nouveaux Territoires, à Hong Kong. Son esthétique minimaliste est renforcée par l'utilisation d'une palette de couleurs bien spécifique que l'on retrouve dans chaque pièce. Le blanc est réellement la couleur phare, suivie du vert pomme, des teintes boisées et des petites touches rouges, qui créent une ambiance estivale rafraîchissante.

Dit appartement ligt in een rustige buitenwijk in New Territories, in Hong Kong. De minimalistische esthetica wordt versterkt door het gebruik van een specifiek kleurenpalet dat in iedere kamer terugkomt. De kleur wit heeft hier de overhand, gevolgd door appelgroen, houttinten en rode penseelstreken die een frisse en lente-achtige sfeer geven.

 Ptang Studio Limited
Hong Kong, China
www.ptangstudio.com

Location: Hong Kong, China
Area: 58,5 m2 / 630 sqft

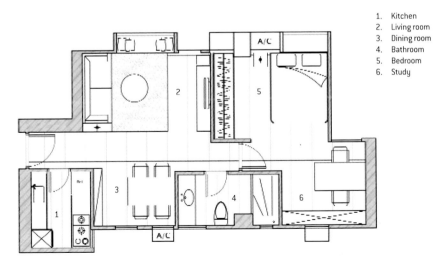

1. Kitchen
2. Living room
3. Dining room
4. Bathroom
5. Bedroom
6. Study

Floor plan

Capital Delight

© Pablo Paniagua

Situated in a late eighteenth-century building in Madrid's historic center, this apartment was an old storage room on the roof before Pablo Paniagua turned it into a small luxury urban apartment. Making the most of the openness of the space, the architect tried to bring together domestic functions with as little physical compartmentalization as possible.

Diese Wohnung, die in einem Gebäude aus dem späten 18. Jahrhundert in der Madrider Altstadt gelegen ist, diente als Lagerraum auf dem Dach, bevor sie Pablo Paniagua in ein kleines städtisches Luxus-Appartement verwandelte. Der Architekt nutzte den offenen Raum optimal aus und versuchte, die Funktionen einer Wohnung mit möglichst wenig Trennwänden und Abgrenzungen unter einen Hut zu bringen.

Situé dans un immeuble de la fin du dix-huitième, dans le centre historique de Madrid, cet appartement était un vieux débarras sur le toit avant que Pablo Paniagua ne le transforme en un petit mais luxueux appartement urbain. Exploitant au maximum le caractère ouvert de cet espace, l'architecte a tenté d'associer les fonctions domestiques à un cloisonnage physique minimal.

Dit appartement, dat gelegen is in een laat-negentiende eeuws gebouw in de oude binnenstad van Madrid, was een oude opslagruimte voordat Pablo Paniagua het ombouwde tot een luxe appartement. Door maximaal profijt te trekken uit de openheid van de ruimte, heeft de architect geprobeerd om de woonfuncties samen te brengen met zo weinig mogelijk aparte ruimtes.

Pablo Paniagua
Madrid, Spain
www.pablopaniagua.es

Location: Madrid, Spain
Area: 59,5 m² / 630 sqft

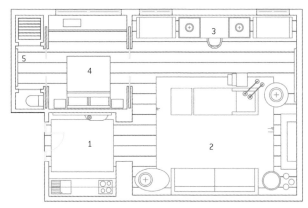

Floor plan

1. Entrance/kitchen/dining room
2. Living room
3. Study
4. Bedroom
5. Bathroom

Light Frame

© Gus Wüstemann

This space was originally a studio in an art school fitted with a skylight that allowed sunshine to pour into the large room below. A refurbishment reduced the size of the skylight and divided the space into five small rooms, but this project sought to recapture the luminosity and restore the unity of the original space.

Dieser Raum war ursprünglich ein Studio in einer Kunstakademie, in das ein großes Oberlicht die Sonne scheinen ließ. Beim Umbau wurde das Oberlicht verkleinert und der Raum wurde in fünf kleine Zimmer unterteilt. Die Helligkeit und Einheit des früheren Ambientes wurden jedoch bewahrt.

Cet espace était à l'origine un studio dans une école d'art ; une lucarne laissait entrer la lumière du soleil qui se répandait dans toute la vaste pièce. Au cours d'une rénovation, la taille de la lucarne avait été réduite et l'espace divisé en cinq petites pièces. L'objectif de ce projet a donc été de retrouver la luminosité de l'appartement et de restaurer l'unité de l'espace original.

Deze ruimte was aanvankelijk een school voor beeldende kunsten die voorzien was van een dakraam waardoor het daglicht de grote zaal beneden kon bereiken. Door een verbouwing was het dakraam kleiner gemaakt en was de ruimte onderverdeeld in vijf kleine kamers. Het doel van dit project was om het licht en de eenheid van de originele ruimte terug te krijgen.

 Gus Wüstemann
Zürich, Switzerland
www.guswustemann.com

Location: Zürich, Switzerland
Area: 60 m² / 645 sqft

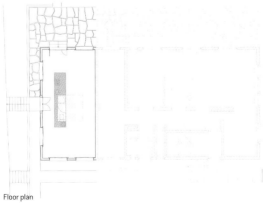

Floor plan

Bold Times

© Philip Vile

Tara Bernerd and her partner Thomas Griem were called upon to design an exciting studio apartment in London's elite development The Knightsbridge. Specializing in functioning and desirable environtments with a touch of genuine value, the design duo focused on the potential demands of such a small space, while paying attention to detail and a way of life.

Tara Bernerd und Thomas Griem wurden beauftragt, ein aufregendes Studio-Appartement im Londoner Elite-Bauprojekt The Knightsbridge zu entwerfen. Das Design-Duo, das auf funktionale und höchst begehrte Wohnumgebungen mit Mehrwert spezialisiert ist, konzentrierte sich auf die möglichen Anforderungen einer so kleinen Fläche und achtete gleichzeitig auf jedes kleinste Detail und den gewünschten Lifestyle.

Tara Bernerd et son partenaire Thomas Griem ont été invités à concevoir un studio exceptionnel dans le quartier londonien très chic de Knightsbridge. Spécialisés dans les environnements de standing, fontionnels, le duo de designers s'est concentré sur les possibles nécessités d'un si petit espace.

Tara Bernerd en Thomas Griem zijn benaderd om een stimulerend eenkamerappartement te ontwerpen in de luxe Londense woonwijk The Knightsbridge. Het ontwerpersduo, gespecialiseerd in functionele en aantrekkelijke ruimtes met een authentiek tintje, hebben zich geconcentreerd op de mogelijke behoeften die in zo'n kleine ruimte zouden kunnen ontstaan en hebben tegelijkertijd aandacht besteed aan details.

 Target Living
London, United Kingdom
www.camron.co.uk

Location: London, United Kingdom
Area: 60 m² / 645 sqft

La Rossa

© Ulso Tang

In determining this apartment's design, a premise was entablished upon which to base it: a styling based on the color red being superimposed over the purity of a white background. With this, an energetic combination could be achieved while remaining feminine and romantic in certain areas. The drawings and floral prints are reiterated in each of the rooms.

Bei der Gestaltung dieser Wohnung wurde einer Prämisse gefolgt: die Farbe Rot sollte die Reinheit des weißen Hintergrunds durchbrechen. So entstand eine schwungvolle und lebendige Kombination, die in bestimmten Bereichen gleichzeitig feminin und romantisch wirkt. Die Zeichnungen und floralen Aufdrucke, die entweder ganze Wände oder Teile der Glasabtrennungen schmücken, wiederholen sich in allen Räumen.

En définissant le design de cet appartement, un élément fondamental a été établi : le concept reposerait sur l'utilisation de la couleur rouge, superposée à la pureté d'un fond blanc. Ainsi, il serait possible d'obtenir une combinaison énergique et vive qui serait à la fois romantique et féminine par endroits. Les dessins et imprimés floraux se retrouvent dans toutes les pièces.

Bij het bepalen van het ontwerp van dit appartement is als uitgangspunt gesteld: een stijl die gebaseerd is op de kleur rood tegen de puurheid van een witte achtergrond. Daarmee zou een enerigieke en levendige combinatie ontstaan, waarbij in bepaalde ruimtes het vrouwelijke en romantische behouden is gebleven. De tekeningen en bloemenprints komen in elke kamer terug.

Ptang Studio Limited
Hong Kong, China
www.ptangstudio.com

Location: Hong Kong, China
Area: 58,5 m² / 630 sqft

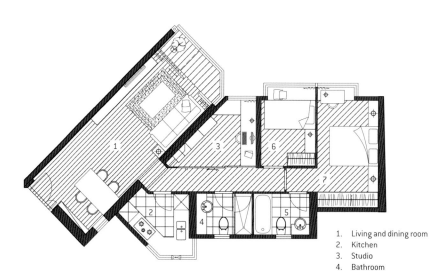

Floor plan

1. Living and dining room
2. Kitchen
3. Studio
4. Bathroom
5. Bathroom
6. Bedroom
7. Master bedroom

Al Itu residence

© Tuca Reinés

The office is to be found in a separate room, but the door and passage leading to it have been removed. As a result the size of the lounge has increased with an extra circulation zone. A piece of low furniture allows the wall beneath the large window in the lounge to be appreciated and also for there to be sufficient storage space.

Der Arbeitsplatz befindet sich in einem separaten Raum, doch die Tür und der Flur, die zu diesem Zimmer führten, wurden entfernt. Folglich wurde das Wohnzimmer vergrößert und erhielt einen zusätzlichen Durchgangsbereich. Ein niedriges Sideboard betont die Wand unter der großen Fensterfront im Wohnzimmer und bietet viel Stauraum.

Le bureau se trouve dans une pièce séparée mais la porte et le couloir qui y mènent ont été supprimés. Ainsi, le salon a gagné en grandeur et bénéficie d'une zone de passage supplémentaire. Dans le salon, un meuble bas permet de tirer profite de l'espace situé sous la fenêtre tout en offrant de nouvelles possibilités de rangement.

Het kantoor bevindt zich in een apart vertrek, maar de deur en de gang daar naar toe zijn verdwemem. Het resultaat daarvan is dat de woonkamer is uitgebreid met extra doorgangsruimte. Door middel van een laag meubelstuk wordt de muur onder het grote raam in de salon benut en wordt bovendien voldoende bergruimte gecreëerd.

@ **Arthur Casas**
São Paulo, Brazil
www.24h.eu

Location: São Paulo, Brazil
Area: 65 m² / 700 sqft

Apartment H

© Niall Clutton

The existence of only two windows, one on each side of the apartment, provoked the need to take full advantage of these two natural light sources. The ceiling and walls were finishes in polished plaster, achieving a neutral ensemble marked by the occasional appearance of vibrant colors and textures.

Das Vorhandensein von nur einem Fenster auf jeder Längsseite der Wohnung führte dazu, dass diese beiden Tageslichtquellen beim Umbau aufs Beste ausgenutzt werden mussten. Die Decken und Wände wurden mit Polyesterputz verkleidet und sorgen für ein farbneutrales Ambiente, das durch das gelegentliche Auftauchen kräftiger Farben und außergewöhnlicher Texturen aufgelockert wird.

L'existence de seulement deux fenêtres, une de chaque côté de l'appartement, impliquait d'exploiter au maximum ces deux sources de lumière naturelle. Le plafond et les murs ont été finis avec un enduit brillant pour obtenir un ensemble neutre, rehaussé occasionnellement par l'apparition de couleurs et de textures éclatantes.

Aangezien er maar twee ramen waren, aan weerszijden van het appartement, moest voluit gebruik worden gemaakt van deze natuurlijke lichbronnen. De plafonds en wanden zijn afgewerkt in gepolijst gips, waardoor een neutrale eenheid is ontstaan, gekenmerkt door hier en daar felle kleuren en texturen.

 Gavin Harris, Henrietta Reed/Mackay & Partners
London, United Kingdom
www.mackayandpartners.co.uk

Location: London, United Kingdom
Area: 65 m² / 700 sqft

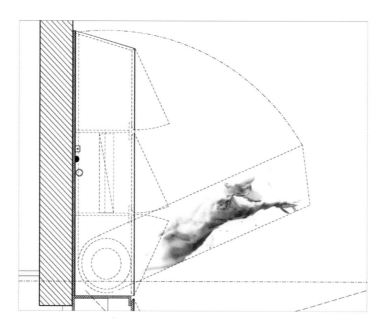

Table top

1. Entry
2. Bedroom
3. Study
4. Bathroom
5. Laundry
6. Dining unit
7. Lounge
8. Kitchen
9. Planters

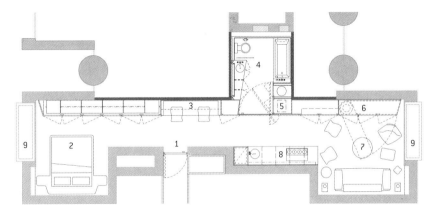

Option

© Andreas Greber

Option is a model for a prefabricated house, built out of wood, at a minimal price but with high-quality finishing. The structure is assembled in a factory, and the definitive installation can be completed in a single day. As it is a modular construction, the two initial levels can be modified or extended.

Option ist ein Fertighausmodell aus Holz, äußerst preisgünstig, aber gleichzeitig bestens verarbeitet. Die Grundstruktur wird werkseitig montiert, die endgültige Montage kann an nur einem Tag fertig gestellt werden. Da es sich um eine modularen Aufbau handelt, können die beiden unteren Etagen verändert bzw. erweitert werden.

Option est un modèle de maison préfabriquée en bois, à un prix minimum mais avec des finitions de haute qualité. La structure est assemblée dans une usine et l'installation définitive peut être effectuée en un seul jour ; comme il s'agit d'une construction modulaire, les deux premiers niveaux peuvent être modifiés ou agrandis.

Option is een model voor een geprefabriceerde woning die voor een minimale prijs maar met een eersteklas afwerking is opgebouwd. De structuur is in de fabriek gemonteerd en de definitieve installatie kan binnen een dag plaatsvinden. Aangezien het een modulaire constructie betreft, kunnen de twee aanvankelijke niveaus worden gewijzigd of uitgebouwd.

Bauart Architekten
Bern, Switzerland
www.bauart.ch

Location: Mobile
Area: 69 m² / 749 sqft

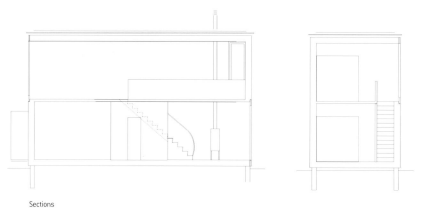

Sections

Upper level

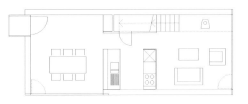

Lower level

It's Fab To Have My Own Pad

© Pablo Fernández Lorenzo

It is becoming more common for some people to decide to live alone. Because of this choice, they expect to enjoy every inch of space. This 753 square-foot apartment has an L-shaped layout stretched between two points of light: the light coming from the street on one side and the light coming from the interior patio on the other.

Immer mehr junge Leute entscheiden sich dafür, alleine zu wohnen. Sie möchten jeden Quadratzentimeter in ihrem Zuhause. Diese 70 m² große Wohnung hat eine L-Form und erstreckt sich zwischen zwei Öffnungen, durch die Tageslicht einfällt: einerseits von der Straßenseite und andererseits vom Innenhof des Gebäudes.

Il est de moins en moins rare de voir des personnes décider de vivre seules. En faisant ce choix, elles souhaitent pouvoir profiter de chaque petite parcelle de leur foyer. Cet appartement de 70 m² est conçu en forme de L et s'étend entre deux points de lumière : d'un côté, la lumière provenant de la rue et, de l'autre, la lumière provenant de la cour intérieure.

Steeds meer mensen besluiten om alleen te gaan wonen. Met deze keuze hopen zij om op ieder moment van elke centimeter van hun woning te genieten, terwijl ze onnodige muren, deuren en tussenmuren vermijden. Dit appartement van 70 m² heeft een L-vorm die zich uitstrekt tussen twee lichtpunten: het licht afkomstig van de straat aan een kant en van de binnenplaats aan de andere kant.

Pablo Fernández Lorenzo & Pablo Redondo Díez
Madrid, Spain
www.arquipablos.com

Location: Madrid, Spain
Area: 70 m² / 753.5 sqft

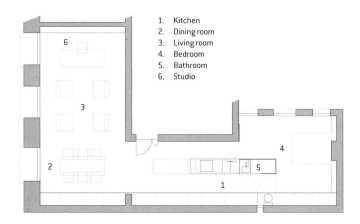

1. Kitchen
2. Dining room
3. Living room
4. Bedroom
5. Bathroom
6. Studio

Floor plan

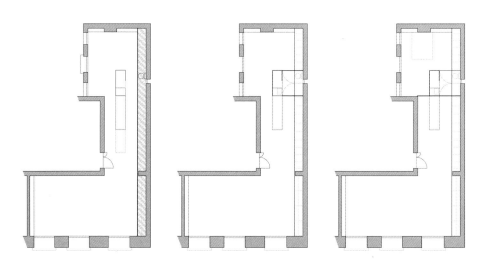

Bathroom enclosure

Metropolitan Chic

© Mohen Design International

This project was a true challenge for its designers, who had to think up a way of designing a common area that could include a living room and dining room, a kitchen, two rooms and a bathroom; all without renouncing careful design and open spaces while working within the confines of a 795 square-foot space.

Dieses Projekt stellte eine echte Herausforderung für die Designer dar, die einen Gemeinschaftsbereich entwerfen mussten, der sowohl ein Wohn- und Esszimmer und die Küche als auch zwei Schlafzimmer und ein Bad umfassen sollte all dies auf knapp 74 m² und ohne auf elegantes Design und offene Bereiche zu verzichten.

Ce projet était un véritable challenge pour ses designers qui ont dû trouver une façon de concevoir un espace commun qui pourrait comprendre à la fois un salon et une salle à manger, une cuisine, deux chambres et une salle de bains ; le tout sur une surface de 74 m², avec un design soigné et des espaces ouverts.

Dit project was een heuse uitdaging voor de ontwerpers, die een manier moesten bedenken om een gemeenschappelijke ruimte te ontwerpen waarin een woonkamer, eethoek, keuken, twee slaapkamers en een baddkamer konden worden ondergebracht. Dat alles zonder af te zien van een zorgvuldig ontwerp en open ruimtes binnen de beperkte ruimte van 74 m².

 Mohen Design International
Shanghai, China
www.mohen-design.com

Location: Shanghai, China
Area: 74 m² / 795 sqft

Floor plan

1. Entry
2. Kitchen
3. Dining room
4. Living room
5. Master bedroom
6. Bathroom
7. Guest room/study

Adaptable apartment

© John M. Hall

Incorporating the workplace into a space open on to other rooms in the house is a way of integrating the workplace into the home. The use of glazed panels makes the interior layout more adaptable. In this case the panels allow the dining room to be separated from the rest of the home.

Die Integration des Arbeitsplatzes in einen Raum, der zu anderen Zimmern der Wohnung hin offen ist, stellt eine Möglichkeit für die Verbindung von Arbeit und Zuhause dar. Dank des Einsatzes verglaster Trennelemente kann die Raumaufteilung verändert werden. In diesem Fall ermöglichen die Falttüren die Abtrennung des Essbereichs von der übrigen Wohnung.

Placer l'espace de travail dans un endroit donnant sur d'autres pièces de la maison est un moyen de l'intégrer à la maison elle-même. L'utilisation de panneaux vitrés rend l'agencement de l'intérieur plus flexible. Dans le cas présent, les panneaux permettent de séparer la salle à manger du reste de la maison.

Door de werkplek in te richten in een open ruimte waarop andere vertrekken in de woning uitkomen, is een manier gevonden om de werkplek in de woning te integreren. Het gebruik van glazen panelen zorgt ervoor dat de indeling beter kan worden aangepast. In dit geval maken de panelen het mogelijk om de eetkamer af te scheiden van de rest van de woning.

Page Goolrick
New York, NY, USA
www.goolrick.com

Location: New York, NY, USA
Area: 74 m² / 796 sqft

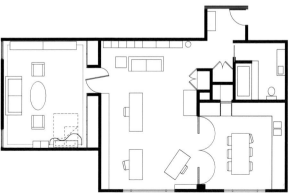

Floor plan

Apartment in Brighton

© Knott Architects

This apartment was refurbished without any detriment to the authenticity of the original structure, although it was adapted to modern requirements. The living room has lost none of its grandeur, and some of the moldings have been retained. However, various modifications were also made: the high ceilings were exploited to add a studio.

Diese Wohnung wurde umgebaut und an die Anforderungen unserer Zeit angepasst, ohne dass jedoch die ursprüngliche Struktur in irgendeiner Weise beeinträchtigt wurde. Das Wohnzimmer hat nichts von seiner Pracht eingebüßt; einige der Stuckarbeiten blieben erhalten. Es wurden diverse Veränderungen vorgenommen: die hohen Decken wurden ausgenutzt, um ein Studio hinzuzufügen.

La remise à neuf de cet appartement s'est faite sans nuire à l'authenticité de la structure originale, bien que celle-ci ait été adaptée aux besoins modernes. Le salon n'a rien perdu de sa grandeur et certaines des moulures ont été conservées mais plusieurs modifications ont néanmoins été apportées : les hauts plafonds ont été exploités pour ajouter un studio.

Dit appartement is verbouwd met behoud van de authentiekheid van de originele struktuur, maar aangepast aan de huidige eisen. In de woonkamer is niets van de grootsheid van weleer verloren gegaan en enkele van de profielen zijn bewaard gebleven. Toch zijn er verschillende dingen veranderd. Zo zijn de hoge plafonds benut om een kantoorruimte toe te voegen.

Knott Architects
London, United Kingdom
www.bauart.ch

Location: Brighton, United Kingdom
Area: 74 m² / 796 sqft

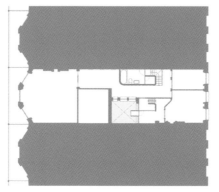

Plan

Space of Femininity

© Mohen Design International

The doors have been converted into huge openings surrounded by a round, marroon painted frame. This way, enclousures are avoided and, as is the case with the least private spaces, the living room and kitchen, these openings are made even bigger to better unite both areas.

Anstelle der Türen traten große Durchgangsöffnungen, die von einem gebogenen, rotbraunen Rahmen umgeben sind. Auf diese Weise werden die verschiedenen Bereiche nicht in sich abgeschlossen; in weniger privaten Räumen wie Wohnzimmer und Küche wurden diese Durchgänge noch größer gehalten, um beide Zonen besser miteinander zu verbinden.

Les portes sont devenues de grandes ouvertures entourées d'un cadre marron. De cette façon, il n'y a pas de véritable cloisonnement. Pour les espaces les moins « intimes », le salon et la cuisine, ces ouvertures sont d'autant plus grandes, afin de mieux unifier les deux zones.

De deuren zijn veranderd in grote openingen die omringd zijn met ronde, bruingeverfde deurposten. Op die manier zijn afgescheiden delen vermeden. Bij de vertrekken die minder privé zijn, zoals de woonkamer en de keuken, zijn deze openingen zelfs nog groter, zodat beide ruimtes nog meer worden verenigd.

 Mohen Design International
Shanghai, China
www.mohen-design.com

Location: Shanghai, China
Area: 74 m² / 796 sqft

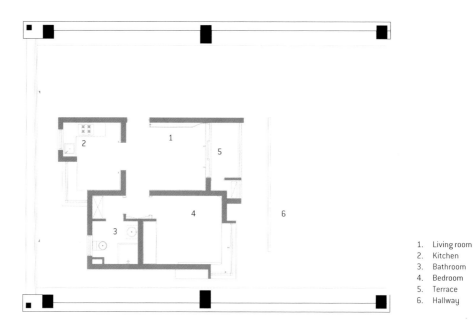

Floor plan

1. Living room
2. Kitchen
3. Bathroom
4. Bedroom
5. Terrace
6. Hallway

Taylor Loft

© Deborah Bird, Cog Work Shop

The most noteworthy aspect of this project is undoubtedly the furniture, adapted to the needs of the owners, which helps to define the different spaces according to their function. Bamboo has been used for the transit areas, cement for humid areas, and cork tiles for the living room. This small three-floor loft has access to a roof with views of Hollywood.

Der bemerkenswerteste Aspekt dieses Projekts ist zweifellos das Mobiliar, das an die Bedürfnisse der Bewohner angepasst wurde und die unterschiedlichen Räume je nach ihrer Funktion definiert. Für die Durchgangsbereiche verwendete man Bambus, für die Nassbereiche Zement und für das Wohnzimmer Korkfliesen. Dieses kleine, dreistöckige Loft bietet Zugang zu einer Dachterrasse mit Blick auf Hollywood.

L'élément phare de ce projet est sans aucun doute le mobilier, adapté aux besoins des propriétaires ; les meubles aident à définir les différents espaces en fonction de leur rôle. Du bambou a été utilisé pour les zones de passage, du ciment pour les zones humides et des carreaux de liège pour le salon. Ce loft de trois étages dispose d'un accès aux toits avec vue sur Hollywood.

Het opvallendste aspect aan dit project is ongetwijfeld het meubilair, dat is aangepast aan de wensen van de eigenaren en dat bijdraagt aan het afbakenen van de verschillende ruimtes naar gelang hun functie. Voor de loopruimte is gekozen voor bamboe, voor de vochtige ruimtes is cement gebruikt in de keuken liggen kurktegels. Deze loft van drie verdiepingen heeft toegang tot een dakterras met uitzicht over Hollywood.

 Joshua R. Coggeshall/Cog Work Shop
Los Angeles, CA, USA
www.cogworkshop.com

Location: Hollywood, CA, USA
Area: 74 m² / 796 sqft

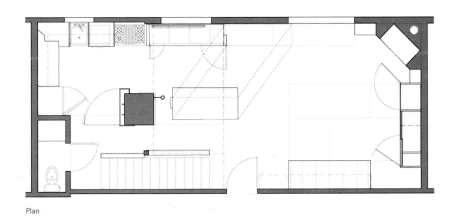

Plan

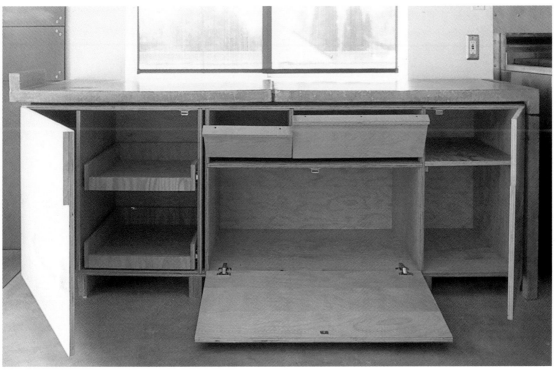

Floating studio

© Nick Philbedge

The very high ceilings of this open plan loft allowed the introduction of a small studio space. The sloped ceilings are made up of large light wood panels, some punctured to accommodate windows and skylights. On the main level, which consists of the living room, kitchen, bedroom, wooden planks line the floors and walls are painted white.

Le plafond très haut de ce loft entièrement ouvert a permit l'intégration d'un petit studio. Les plafonds inclinés sont faits de grands panneaux en bois ; des ouvertures ont été percées par endroits pour accueillir des fenêtres et lucarnes. À l'étage principal le sol a été recouvert de parquet et les murs peints en blanc.

 Thomas de Cruz Architects/Designers
London, United Kingdom
www.thomasdecruz.com

Location: London, United Kingdom
Area: 79 m² / 850 sqft

Die besonders hohen Decken dieses Lofts mit offenem Grundriss ermöglichten die Einrichtung eines kleinen Arbeitsbereichs. Die Dachschrägen bestehen aus großen, hellen Holzpaneelen, in die zum Teil Fenster und Oberlichter eingefügt wurden. Im Hauptgeschoss, das Wohnbereich, Küche und Schlafzimmer umfasst, wurden die Böden mit Holz verkleidet und die Wände weiß gestrichen.

De zeer hoge plafonds van deze open loft maakten het mogelijk om er een kleine studio in onder te brengen. De schuine plafonds bestaan uit lichte houten panelen, waarvan in enkele openingen zijn aangebracht zodat er ramen en dakramen in pasten. Op de hoofdverdieping, waar de woonkamer, keuken slaapkamer liggen, zijn de houten planken wit geverfd.

Sheer Elegance

© Luigi Filetici

The renovation of this small apartment in the center of Rome is dominated by contrasting volumes, created by a bold approximation of the kitchen to the shower –the centrepiece of this apartment. The open-play layout is complemented by a meticulous colour scheme, and the use of transparent materials and ambient lighting create a relaxed and sophisticated urban home.

Diese kleine Wohnung im Zentrum von Rom wird von kontrastierenden Bereichen dominiert, wobei die auffällige Nähe von Küche und Dusche in den Mittelpunkt rückt. Die offene Gestaltung wird von einem ausgeklügelten Farbschema ergänzt; der Einsatz transparenter Materialien und cleverer Beleuchtung sorgen für ein entspanntes und besonders raffiniertes Ambiente.

La rénovation de ce petit appartement en plein cœur de Rome se caractérise par le contraste des volumes, rendu par une proximité audacieuse de la cuisine et de la douche – l'élément central de cet appartement. La combinaison des couleurs et des matériaux transparents permet la création d'un foyer urbain chaleureux et sophistiqué.

Bij de renovatie van dit appartement in het centrum van Rome overheersen contrasterende volumes die ontstaan zijn door een krachtige benadering van de keuken tot aan de douche – het centrale onderdeel van dit appartement. De open indeling is aangevuld met een zorgvuldige kleurencombinatiie en het gebruik van doorzichtig materiaal en sfeerverlichting creëren een ontspannen en verfijnde stadswoning.

Filippo Bombace
Rome, Italy
www.filippobombace.com

Location: Rome, Italy
Area: 80 m² / 861 sqft

Floor plan

Darmós House

© Eugeni Pons

The project involved the refurbishment of an old house in the town; the result was a small independent resident on the top floor. One of the outstanding features of the renovation is the fact that one of the wings of the roof has not been rebuilt and the space has been used as a terrace.

Das Projekt umfasst den Umbau eines alten Hauses im Dorf; das Ergebnis war eine kleine, unabhängige Wohnung im obersten Geschoss. Eines der herausragendsten Merkmale des Umbaus ist die Tatsache, dass eine der Dachflächen nicht erneut gedeckt wurde und der offene Bereich nun als Terrasse dient.

Le projet consistait en la remise à neuf d'une vieille maison de la ville ; le résultat a été une petite résidence indépendante au dernier étage. L'un des éléments les plus remarquables de la rénovation est le fait que l'une des ailes du toit n'a pas été reconstruite, permettant à cet espace d'être utilisé comme une terrasse.

Het project omvat de verbouwing van een oud huis in de stad en het resultaat was een kleine, onafhankelijke woonruimte op de bovenverdieping. Een van de opmerkelijkste kenmerken van de renovering is het feit dan een van de vleugels van he dak niet herbouwd is en dat de ruimte gebruikt wordt als terras.

 Joan Pons Forment
Barcelona, Spain
ponsforment@coac.net

Location: Tarragona, Spain
Area: 84 m² / 904 sqft

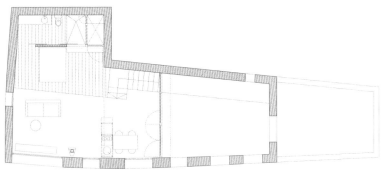

Plan

Theatrical Antics

© Simon Devitt

Originally a three-bedroom apartment, this home for a young urbanite couple is now a smart one-bedroom residence in the heart of Singapore also incorporating a powder room, kitchen, living room, dining area, and two study nooks. The project reflects a desire to counter the sprawling city outside by creating a series of intimate tactile interior spaces.

Dieses Zuhause eines jungen Pärchens war ursprünglich eine Vierzimmerwohnung und ist nun ein durchdachtes Zweizimmerappartement im Herzen von Singapur, das über Badezimmer, Küche, Wohnzimmer, Essbereich und zwei Arbeitsnischen verfügt. Das Projekt spiegelt den Wunsch wider, der Großstadt draußen durch die Schaffung einer Reihe intimer und gemütlicher Innenräume zu entgegnen.

Cet ancien T4 au cœur de Singapour est aujourd'hui une élégante demeure, habitée par un jeune couple de citadins. Elle comporte une seule chambre, une salle de bains, une cuisine, un salon, une salle à manger et deux coins bureau. Ce projet reflète un désir de contrer l'omniprésence de la ville à l'extérieur en créant toute une série d'espaces intérieurs intimes et tactiles.

Dit van oorsprong driekamerappartement voor een jong stel stadsbewoners, is nu een vindingrijke woning met een slaapkamer in het hart van de Singapore met bovendien een toilet, keuken, woonkamer, eethoek en twee studiehoeken. Het project geeft blijk van de wens om tegenwicht te bieden aan de enorme stad door een aantal intieme, tactiele ruimtes te creëren.

Ministry of Design
Singapore, Singapore
www.modonline.com

Location: Singapore, Singapore
Area: 85 m² / 915 sqft

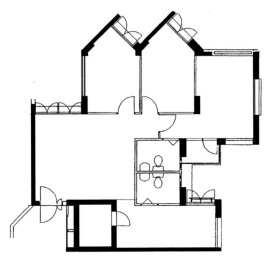

Original floor plan

Current floor plan

1. Entry
2. Living room
3. Pantry
4. Kitchen
5. Bathroom
6. Dining room
7. Bedroom
8. Closet
9. Study

Locher Apartment

© Michael Freisager Fotografie

The aim of the refurbishment was to turn a standard four-bedroom apartment into a spacious loft. Fortunately, it was blessed with the ideal conditions: abundant light and a structure that made it possible to remove walls. The apartment had to include all the required services while giving priority to a relaxation area and an organic visual approach.

Das Ziel des Umbaus bestand darin, eine herkömmliche Fünfzimmerwohnung in ein geräumiges Loft zu verwandeln. Glücklicherweise wies das Objekt ideale Bedingungen auf: viel Tageslicht und eine Grundstruktur, die das Entfernen von Wänden erlaubte. Die Wohnung sollte alle geforderten Bedingungen erfüllen und gleichzeitig einen Erholungsbereich sowie ein organisches Aussehen bieten.

L'objectif de la rénovation était de transformer un T5 standard en un loft spacieux. Il disposait de les conditions propices à cette transformation : une lumière abondante et une structure permettant la suppression de murs. L'appartement devait disposer de les services tout en laissant la priorité à la détente et à une approche visuelle organique.

Het doel van deze verbouwing was om een standaard vierkamerappartement om te bouwen tot een ruime loft. Gelukkig waren de omstandigheden daarvoor ideaal: licht in overvloed en een structuur die het mogelijk maakte om tussenwanden weg te breken. Het appartement moest voorzien worden van alle nodige diensten, terwijl prioriteit werd gegeven aan een ontspanningsruimte en een organische visuele benadering.

 Spoerri Tommen Architekten
Zurich, Switzerland
www.spoerrithommen.ch

Location: Zurich, Switzerland
Area: 90 m² / 968 sqft

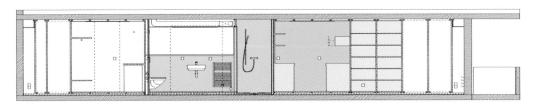

Section

Tight Squeeze

© Daici Ano

The goal was to build a home for a family of four in a densely built residential area of Tokyo. Disposing of a 430.5-square-foot site surrounded by buildings and only open to the north-facing side of the street, the architects had to come up with solutions for the lack of natural light and limited living space.

Das Ziel bestand darin, ein Zuhause für eine vierköpfige Familie in einer dicht bebauten Wohngegend in Tokio zu entwerfen. Da das zur Verfügung stehende Grundstück nur 40 Quadratmeter groß, von Gebäuden umgeben und lediglich nach Norden offen war, mussten die Architekten Lösungen finden, um dem Mangel an Tageslicht und dem begrenzten Wohnraum entgegenzuwirken.

L'objectif était de construire un foyer pour une famille de quatre personnes dans un quartier résidentiel de Tokyo foisonnant d'habitations. Disposant d'un espace de 40 m², entouré d'immeubles et avec une seule ouverture sur le côté nord de la rue, les architectes ont dû trouver des solutions pour faire face au manque de lumière naturelle et d'espace.

Doelstelling was om een huis te bouwen voor een familie bestaande uit twee ouders en twee kinderen, in een compact gebouwde woonwijk van Tokyo. De architecten beschikten over een perceel van 40 vierkante meter, omringd door gebouwen en alleen geopend aan de noordkant van de straat. Daarom moesten ze oplossingen bedenken voor een gebrek aan daglicht en een beperkte woonruimte.

NAP Architects
Tokyo, Japan
www.nakam.info

Location: Tokyo, Japan
Area: 40 m² / 430.5 sqft

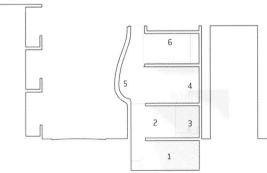

North-south section

1. Bedroom
2. Entry
3. Bathroom
4. Living/dining room
5. Light well
6. Children's room

Maximum Compliance

© EDGE Design Institute

Essentially a three-bedroom unit, the inhabitants of this apartment interact with the space and can create a different combination of spaces in order to give them more freedom in domestic living, allowing normal and unexpected activities to unfold.

Die Bewohner dieser Wohnung, die eigentlich drei Schlafzimmer beherbergte, interagieren mit dem Raum und können unterschiedliche Raumkombinationen kreieren, die ihnen mehr Freiheit in ihrem Zuhause schenken. So ergeben sich gewöhnliche und auch sehr überraschende Ansichten.

Les habitants de cet appartement, T4 d'origine, interagissent avec l'espace et peuvent l'agencer selon différentes combinaisons afin d'apporter une plus grande liberté à leur vie domestique et de permettre l'éclosion d'activités aussi bien ordinaires qu'inattendues.

De bewoners van dit appartement, met in wezen drie slaapkamers, staan in wisselwerking met de ruimte en kunnen verschillende combinaties met de vertrekken maken, zodat ze meer woonvrijheid krijgen en ze hun activiteiten op normale of spontane wijze kunnen uitvoeren.

@ Gary Chang, Raymond Chan
Hong Kong, China
www.edgedesign.com.hk

Location: Guangzhou, China
Area: 90 m² / 969 sqft

Apartment in Rome

© Luigi Filetici

From the windows of this apartment you can enjoy one of the world's most famous settings—the Roman Colosseum. This privileged view was the source of inspiration for the architect Filippo Bombace when remodelling the property. The choice and application of colors became the starting points for the project.

Von den Fenstern dieser Wohnung aus kann man eine der berühmtesten Sehenswürdigkeiten der Welt erblicken: das Kolosseum in Rom. Diese einzigartige Aussicht diente dem Architekten Filippo Bombace als Inspiration für den Umbau der Immobilie. Die Auswahl und der Einsatz der Farben bildeten die Ausgangspunkte für dieses Projekt.

Des fenêtres de cet appartement, vous pouvez apprécier l'une des vues les plus célèbres du monde : le Colisée de Rome. Ce cadre privilégié a servi de source d'inspiration à l'architecte Filippo Bombace au moment de remodeler la propriété. Le choix et l'application des couleurs a été le point de départ de ce projet.

Vanuit de ramen van dit appartement ziet men een van de beroemdste plaatsen ter wereld: het Colosseum in Rome. Dit bevoorrechte uitzicht was de inspiratiebron voor de architect Filippo Bombace bij het renoveren van de woning. De keuze en toepassing van de kleuren werd het uitgangspunt van het project.

Filippo Bombace
Rome, Italy
www.filippobombace.com

Location: Rome, Italy
Area: 100 m² / 1,076 sqft

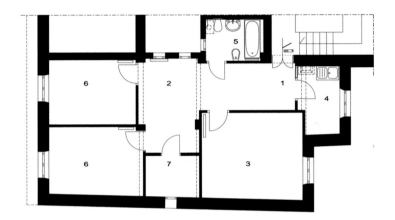

1. Entrance Hall
2. Dining room
3. Living room
4. Kitchen
5. Bathroom
6. Bedroom
7. Room

Existing floor plan

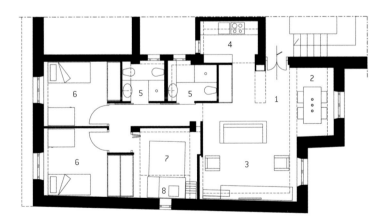

1. Entrance Hall
2. Dining room
3. Living room
4. Kitchen
5. Bathroom
6. Bedroom
7. Master bedroom
8. Studio

New floor plan

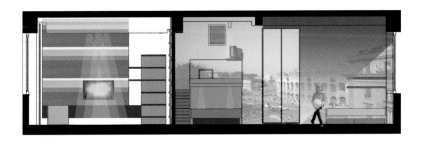

Section

Orient Loft

© Soldevila Arquitectes

With the exception of the self supporting cupboards grouping the water mains in the centre of the home, the absence of fixed dividing elements creates a single flow setting in which the different areas are distinguished through the use of different materials and colors.

À l'exception des placards autoportants regroupant les arrivées d'eau au centre de la maison, l'absence d'éléments précis de séparation crée une certaine unité du cadre dans lequel les différents espaces se distinguent grâce à l'utilisation de divers matériaux et couleurs.

Mit Ausnahme der freistehenden Schränke, welche die Hauptwasserleitungen in der Mitte des Hauses bündeln, schafft die Abwesenheit feststehender Trennelemente eine durchgängige Wohnumgebung, in der die einzelnen Bereiche durch den Einsatz unterschiedlicher Materialien und Farben voneinander abgegrenzt werden.

Met uitzondering van de kasten voor de watervoorziening midden in de woning zijn er geen vaste scheidingselementen, waardoor een enkele ruimte is ontstaan waarin de verschillende opppervlaktes van elkaar worden gescheiden door het gebruik van verschillende materialen en kleuren.

 Alfons Soldevila Riera / Soldevila Arquitectes
Barcelona, Spain
soldevila@coac.net

Location: Barcelona, Spain
Area: 100 m² / 1,076 sqft

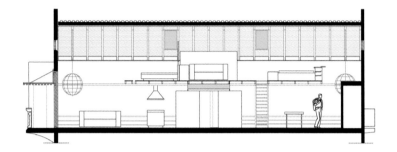

Longitudinal section

Cross section

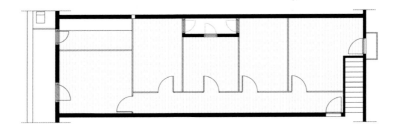

Ground floor

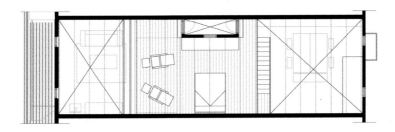

First phase loft

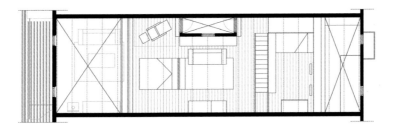

Second phase loft

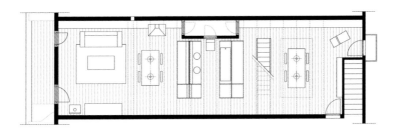

Ground floor

Contemporary Beginnings

© Luigi Filetici

The first home of a young couple, this small attic in Rome contains a valuable family legacy. The house is defined by a limited use of materials: wengué wood flooring and statutory marble in the bathroom, and the only elements breaking up the "silence" of the austere color scheme are the big red sofa and the light installation.

Diese kleine Dachwohnung in Rom ist das erste Zuhause eines jungen Paares und beherbergt wertvolle Familienerbstücke. Die Wohnung wird von dem begrenzten Einsatz an Materialen – Wenge-Holz für den Fußboden und Marmor im Badezimmer – geprägt. Die einzigen Elemente, die die „Stille" des nüchternen Farbschemas brechen, sind das große rote Sofa und die Lichtinstallation.

Le premier foyer d'un jeune couple, ce petit appartement attique situé à Rome constitue un héritage familial de grande valeur. La maison se définit par une utilisation de matériaux limitée – plancher en bois de wengué et marbre statuaire dans la salle de bains. Les seuls éléments brisant le « silence » du schéma chromatique austère sont le canapé rouge et l'installation lumineuse.

Dit kleine appartement op de bovenste verdieping, is de eerste woning van een jong stel en heeft een waardevolle familie-erfenis. Het huis wordt overheerst door een beperkt materiaalgebruik: wengué houten vloeren en marmer in de badkamer. De enige elementen die de "stilte" van de sobere kleurencombinatie doorbreken zijn de grote rode bank en de lichtinstallatie.

 Filippo Bombace
Rome, Italy
www.filippobombace.com

Location: Rome, Italy
Area: 100 m / 1,076 sqft

Floor plan

1. Entry
2. Living room
3. Kitchen
4. Hallway with closets
5. Master bedroom
6. Master bathroom
7. Dining room
8. Guest bathroom
9. Terrace

Gastown Loft

© Michael Boland

One of the main premises the project started from was to define each functional space but maintain a consistency and union between them. The kitchen became the principal focus of the redesign work, as it defines and is also defined by the adjacent spaces.

Eines der Hauptziele dieses Projekts bestand darin, die einzelnen Bereiche gemäß ihrer Funktion zu definieren, dabei aber miteinander zu verbinden. Die Küche stand im Mittelpunkt der Umbauarbeiten, da sie die angrenzenden Räume definiert und gleichzeitig von diesen definiert wird.

L'une des prémisses les plus importantes de ce projet a été de définir chaque espace fonctionnel tout en conservant cohérence et unité. La cuisine a fait l'objet d'une attention particulière pour le nouveau design puisque celle-ci définit et est définie par les espaces adjacents.

Een van de belangrijkste uitgangspunten van het project was om iedere functionele ruimte te definiëren, maar om de samenhang en eenheid daartussen in stand te houden. De keuken werd het middelpunt van het herontwerp, aangezien die ook bepalend is voor de aangrenzende ruimtes.

 Splyce Design
Vancouver, Canada
www.splyce.ca

Location: Vancouver, Canada
Area: 102 m² / 1,100 sqft.

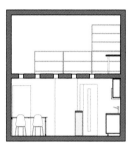

North elevation

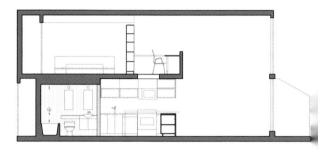

West elevation

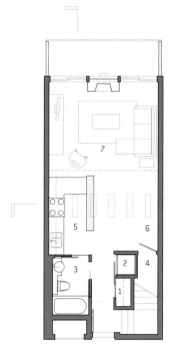

Lower floor plan

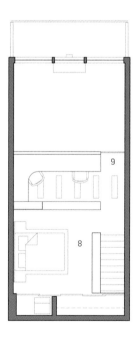

Upper floor plan

1. Wardrobe
2. Refrigerator alcove
3. Bathroom
4. Storage
5. Kitchen
6. Dining room
7. Living room
8. Bedroom
9. Office

West 87th Street Apartment

© Mikiko Kikuyama

This small apartment required a complete makeover due to its state of deterioration. The space occupied by the bathroom and kitchen was completely redesigned and adapted to fit another piece of kitchen furniture that serves as a new countertop with more drawers and cabinets for storage.

Diese kleine Wohnung erforderte aufgrund des starken Verfalls einen kompletten Umbau. Die von Badezimmer und Küche beanspruchte Fläche wurde vollständig neu gestaltet und angepasst, um Platz für ein neues Küchenelement zu haben, welches eine Arbeitsfläche mit zusätzlichen Schubladen und Aufbewahrungsschränken umfasst.

Il a fallu rénover entièrement ce petit appartement à cause de son état de détérioration. L'espace occupé par la salle de bains et la cuisine a été complètement redéfini afin de pouvoir ajouter un nouveau meuble de cuisine servant de comptoir, avec plus de tiroirs et de placards de rangement.

Dit kleine appartement had, gezien de slechte staat waarin het verkeerde, een complete opknapbeurt nodig. De ruimte die in beslag wordt genomen door de badkamer en keuken is helemaal opnieuw ontworpen en aangepast zodat er een extra keukenmeubel in past, dat dienst doet als werkblad, met meer laden en opbergruimte.

 Leone Design Studio
New York, NY, USA
www.leonedesignstudio.com

Location: New York, NY, USA
Area: 102 m2 / 1,100 sqft

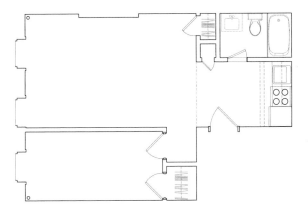

Existing floor plan

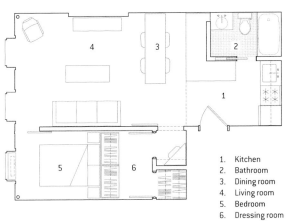

New floor plan

1. Kitchen
2. Bathroom
3. Dining room
4. Living room
5. Bedroom
6. Dressing room

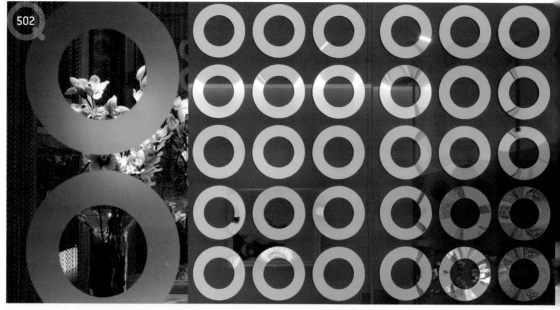

Cool Passion

© Virgile Simon Bertrand

A mix of fiery red and cool white, passion in the midst of a calming haven, this Hong Kong apartment blends the mood of the 1970s with today's styles to create a dramatic yet comfortable urban living environment. A stunning living area is created by the contrast of energetic red colours on a soothing white background.

Diese Wohnung in Hongkong wurde in kräftigem Rot und kühlem Weiß gestaltet und strahlt Leidenschaft inmitten eines ruhigen Hafens aus. Sie verbindet die Stimmung der siebziger Jahre mit dem zeitgenössischen Stil von heute, der eine spektakuläre und trotzdem komfortable städtische Wohnumgebung kreiert. Der unglaublich attraktive Wohnbereich lebt vom Kontrast der energiegeladenen roten Farbtöne vor einem ruhigen weißen Hintergrund.

Alliant l'ardeur du rouge à la fraîcheur du blanc, cet appartement de Hong Kong fait naître la passion au beau milieu d'un havre de paix. Il fusionne l'état d'esprit des années quatre-vingts et les styles contemporains pour créer un environnement urbain, théâtral et douillet à la fois. Cet espace de vie éblouissant a été créé par le contraste entre des teintes rouges énergiques et un fond blanc apaisant.

In dit appartement in Hong Kong, met een mengeling van vuurrood en koudwit en passie midden in een rustige oase, wordt de sfeer van de jaren 70 vermengd met eigentijdse stijlen, om een theatrale maar comfortabele stadswoning te creëren. Door het contrast van felle rode kleuren op een zachte, witte achtergrond is een verbluffend mooi woonoppervlak onstaan.

 Anthony Chan
Hong Kong, China
www.cream.com.hk

Location: Hong Kong, China
Area: 102 m² / 1,100 sqft

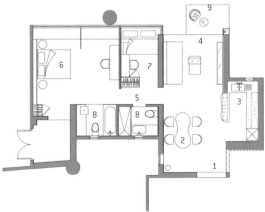

Floor plan

1. Entry
2. Dining room
3. Kitchen
4. Living room
5. Hallway
6. Master bedroom
7. Bedroom
8. Bathroom
9. Balcony

Teshi house

© Makoto Yoshida

To make the most of this house with reduced floor space, a wooden extension is fitted out as a room and bathroom, guaranteeing light and privacy and leaving space beneath for the kitchen and work zone. A simple sliding curtain is a good way to divide or integrate spaces at will in the same room.

Um die begrenzte Fläche dieses Hauses maximal zu nutzen, wurde ein hölzernes Erweiterungselement mit einem Schlafzimmer und Bad ausgestattet. Es sorgt für ausreichend Licht und die entsprechende Privatsphäre und lässt darunter Platz für Küche und Arbeitsbereich. Ein beweglicher Vorhang ist eine gute Lösung, um innerhalb eines Raumes Bereiche abzuteilen oder zu verbinden.

Afin de tirer le meilleur parti de cette maison avec une surface au sol réduite, une extension en bois a été ajoutée pour accueillir une chambre et une salle de bains, garantissant lumière et intimité, et laissant de la place en dessous pour la cuisine et l'espace de travail. Un simple rideau coulissant est un bon moyen de séparer ou d'intégrer des espaces à volonté dans une même pièce.

Om het beste te halen uit dit huis met een beperkt grondoppervlak, is er een houten gedeelte ingebouwd met daarin een slaapkamer en badkamer. Licht en privacy zijn gegarandeerd en beneden is plaats voor de keuken en werkzone. Een eenvoudig gordijn is een uitstekende manier om ruimtes binnen dezelfde kamer naar wens van elkaar te scheiden of te verenigen.

 Manabu & Arata / Naya Architects
Kawasaki, Kanagawa, Japan
www.naya1993.com

Location: Kawasaki, Kanagawa, Japan
Area: 107 m² / 1,152 sqft

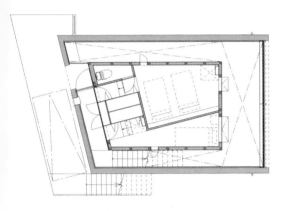

Upper level

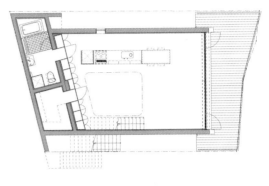

Lower level

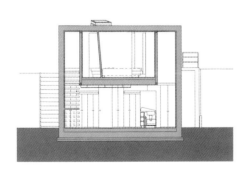

Cross section

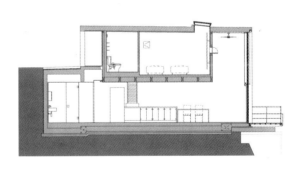

Longitudinal section

Maximal Minimalism

© Yasuno Sakata

This project was built in an residential district within the Nagano Prefecture in central Japan, on land that was originally a parking lot. In cooperation with the client, the architect managed to address the unique challenges of the site and create an efficient and comfortable home insulated against the severe cold of Nagano winters.

Dieses Bauprojekt wurde in einer städtischen Wohngegend in der Präfektur Nagano in Zentraljapan umgesetzt, auf einem Grundstück, das ursprünglich als Parkplatz diente. In Zusammenarbeit mit dem Kunden gelang es dem Architekten, die besonderen Herausforderungen des Baugrunds zu meistern und ein effizient gestaltetes und wohnliches Zuhause zu erschaffen, das gegen die strengen Winter in Nagano ideal isoliert ist.

Ce projet a été construit dans un quartier résidentiel urbain de la préfecture de Nagano, dans le Japon central, sur un terrain qui était à l'origine un parking. En coopération avec le client, l'architecte a réussi à relever les défis uniques que supposait cet emplacement pour créer un foyer fonctionnel et douillet, isolé du froid rigoureux des hivers de Nagano.

Dit project is gebouwd in een woonwijk in de prefectuur Nagano in het midden van Japan, op een terrein dat vroeger een parkeerplaats was. In samenwerking met de klant is de architect erin geslaagd om de unieke uitdagingen van de locatie aan te gaan en om een efficiënte en comfortabele, geïsoleerde woning te bouwen, waarin men de strenge winters van Nagano kan doorstaan.

 CUBO Design Architect
Kamakura, Kanagawa, Japan
www.cubod.com

Location: Matsumoto, Japan
Area: 115 m² / 1,248 sqft

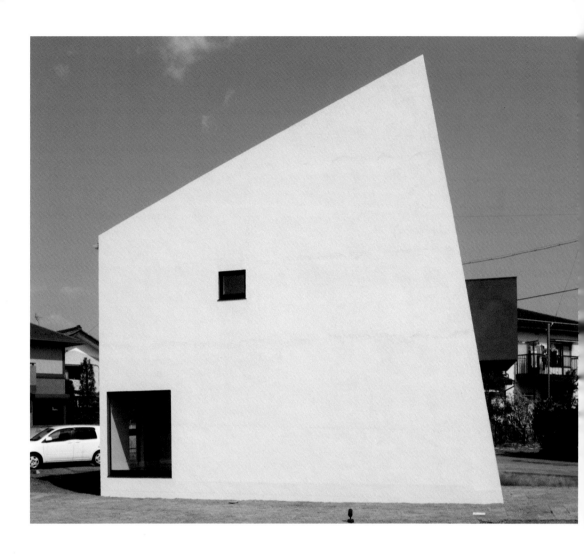

First floor

1. Bedroom
2. Bathroom
3. Bathroom
4. Kitchen
5. Living room
6. Dining room

Second floor

Home-study in Tiana

© Soldevila Arquitectes

The water or electricity mains grouped together on one wall or on the external walls allows certain elements to be absent which usually call for the space to be rigidly. Consequently, large mobile units open or close off the rooms and outside access, adapting to the needs of privacy or access at any time.

Die Wasser- und Stromleitungen wurden an einer Wand bzw. an der Außenwand zusammengefasst, wodurch bestimmte Elemente, die Räume üblicherweise streng aufteilen, außen vor gelassen werden konnten. Große bewegliche Einheiten öffnen und schließen die Räume und den Zugang von außen ab und können jederzeit an die wechselnden Anforderungen an Privatsphäre und Offenheit angepasst werden.

Les arrivées d'eau ou d'électricité regroupées sur un mur ou sur les murs extérieurs permettent l'absence de certains éléments. Ainsi, de grands éléments mobiles ouvrent ou ferment les différentes pièces et accès extérieurs, s'adaptant aux besoins d'intimité ou d'accessibilité.

De water- en elektriciteitsvoorziening zijn samengebracht in een muur of op de buitenmuren, waardoor enkele elementen waarvoor normaal gesproken een vaste ruimte nodig is overbodig zijn. Als gevolg daarvan kunnen de kamers en de toegang naar buiten door middel van beweegbare eenheden worden geopend of afgesloten, waardoor op ieder moment tegemoet wordt gekomen aan de behoefte aan privacy of toegankelijkheid.

 David Soldevila Riera / Soldevila Arquitectes
Barcelona, Spain
soldevila@coac.net

Location: Tiana, Spain
Area: 118 m² / 1,270 sqft

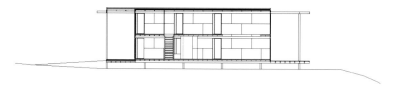

Longitudinal section

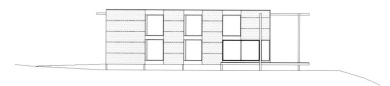

South elevation

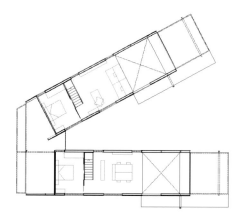

Loft

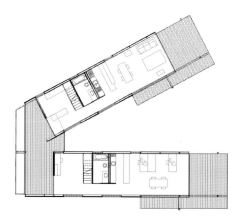

Ground floor

Penthouse in Andorra

© Eugeni Pons

Maintaining fluidity within the requirements ordained by this particular living space was one of the principal objectives behind this project. Instead of subdividing the surface area with traditional walls, new walls were designed with a certain thickness, texture and color. These were placed in such a way as to unite the apartment visually.

Eines der grundlegenden Ziele dieses Projekts bestand darin, unter Beachtung der Anforderungen dieser besonderen Räume Leichtigkeit und Veränderbarkeit zu erhalten. Anstatt die Grundfläche mithilfe von herkömmlichen Wänden zu unterteilen, wurden neue Wände mit bestimmten Dicken, Texturen und Farben entworfen. Diese wurden so platziert, dass die Wohnung visuell eine Einheit bildet.

L'un des objectifs principaux de ce projet a été de conserver la fluidité malgré les conditions imposées par cet espace de vie particulier. Au lieu de diviser la surface avec des murs traditionnels, de nouveaux murs ont été conçus avec une épaisseur, une texture et une couleur particulières. Ils ont été placés de façon à créer une certaine unité visuelle.

Een van de belangrijkste gedachtes achter dit project was het behouden van de continuïteit binnen de vereisten van deze bijzondere woonruimte. In plaats van een onderverdeling van het oppervlak met traditionele muren, zijn er nieuwe wanden ontworpen met een bepaalde dikte, textuur en kleur. Deze zijn zodanig geplaatst dat het appartement visueel, van de ene kant naar het andere een eenheid vormt.

 Elisabet Faura, Gerard Veciana/Arteks
Andorra la Vella, Andorra
www.arteks.ad

Location: Andorra la Vella, Andorra
Area: 118 m² / 1,270 sqft

532

1. Kitchen/dining room
2. Library
3. Bathroom
4. Bedroom
5. Master bedroom
6. Terrace

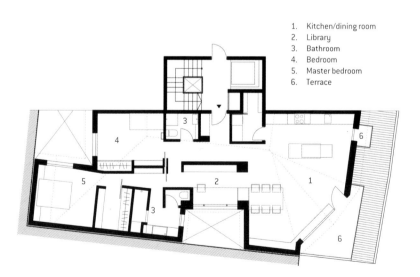

Floor plan

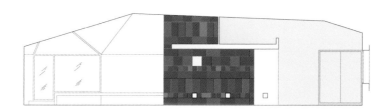

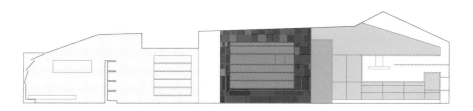

Sections

Eco-friendly home-studio

© Farshid Assassi

The place with the finest ambience in the house is occupied by the studio, located on the main façade and facing the large window which provides abundant natural light. The large worktables, the blinds to control the amount of light and the abundant storage space all add up to the perfect working environment.

Den Raum mit dem ganz besonderen Ambiente im Haus belegt der Arbeitsbereich, der an der Hauptfassade und der großen Fensterfront gelegen ist. Dadurch wird er ausreichend erhellt und bietet Nähe zu den Versorgungsbereichen. Die großen Schreibtische, die Jalousien zur Steuerung des Lichteinfalls und der umfangreiche Stauraum machen diesen Ort zur idealen Arbeitsumgebung.

Le studio occupe l'endroit de la maison disposant de l'atmosphère la plus agréable. Il est idéalement placé par rapport aux autres pièces et, situé sur la façade principale avec une large fenêtre, il bénéficie d'une lumière naturelle abondante. Les grands bureaux, les stores permettant de contrôler la quantité de lumière et les nombreux espaces de rangements constituent un environnement de travail idéal.

De sfeervolste plek in dit huis wordt ingenomen door de werkplaats, die zich aan de voorgevel bevindt, dichtbij de voorzieningen ligt en voorzien is van een groot raam dat veel daglicht opvangt. De lange werktafels, de zonneblinden en veel opbergruimte dragen bij aan de perfecte werkomgeving.

Randy Brown Architects
Omaha, NE, USA
www.randybrownarchitects.com

Location: Omaha, NE, USA
Area: 160 m² / 1,725 sqft

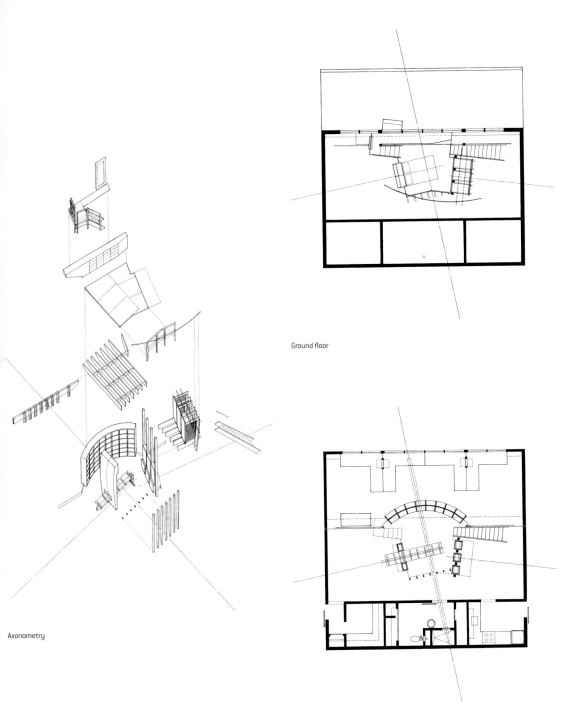

Axonometry

Ground floor

First floor

Chen Residence

© CJ Studio

This project suggests a layout based on spatial continuity through a floor plan that unites every room while maintaining the specific function of each one. To achieve this, some very different and original resources were used. One of these is based on the floor's different levels, which visually separate the areas.

Der Grundriss dieses Projekts basiert auf der Verbindung der Räume und dem gleichzeitigen Erhalt der spezifischen Funktionen jedes einzelnen Bereichs. Um dies zu erreichen, wurden sehr unterschiedliche und äußerst originelle Lösungen gefunden, wie z. B. die verschiedenen Bodenhöhen, welche die Bereiche zum einen visuell voneinander abgrenzen und zum anderen durch Stege miteinander verbinden.

Ce projet suggère un agencement basé sur la continuité spatiale grâce à un plan au sol unifiant toutes les pièces, tout en conservant les fonctions spécifiques à chacune d'entre elles. Pour cela, il a fallu utiliser des ressources singulières et originales. L'une d'entre elle repose sur différents niveaux du sol, séparant les espaces de manière visuelle.

Dit project stelt een indeling voor die gebaseerd is op ononderbroken ruimtes door middel van een grondplan waarin alle kamers met elkaar verbonden zijn, terwijl ze wel alle een specifieke functie hebben. Om dit te bereiken, zijn er vele verschillende en originele hulpmiddelen gebruikt. Een daarvan gaat uit van de verschillende vloerhoogtes, waardoor de oppervlaktes visueel van elkaar worden gescheiden.

 CJ Studio
Taipei, Taiwan
www.shi-chieh-lu.com

Location: Hsindzu, Taiwan
Area: 185 m² / 1,991 sqft

1. Entrance
2. Office
3. Bedroom
4. Bathroom
5. Living room
6. Kitchen

House in Vilada

© David Cardelús

The attic lounge has been fitted with low storage units to make the most of the space where the roof height is too low to pass, without reducing any of the room's space or lighting. The only tall furniture unit is a glass bookcase which adds a certain privacy to the library without impeding the passage of light.

Der Wohnbereich im Dachgeschoss wurde mit niedrigen Schränken ausgestattet, um den vorhandenen Platz unter der Dachschräge optimal zu nutzen, ohne die Fläche des Raums zu reduzieren oder den Lichteinfall zu beeinträchtigen. Das einzige hohe Möbelstück ist ein gläsernes Bücherregal, das der Bibliothek eine gewisse Privatsphäre verschafft und gleichzeitig Tageslicht hereinlässt.

Ce salon au grenier a été équipé d'unités de rangement suffisamment basses pour exploiter au maximum les endroits où le toit est trop bas pour pouvoir passer dessous sans réduire l'espace ni la luminosité de la pièce. Le seule meuble de grande taille est une bibliothèque en verre qui dote la pièce d'une certaine intimité sans empêcher le passage de la lumière.

De salon van deze bovenverdieping is uitgerust met lage opbergruimtes, om de ruimte die te laag is om onderdoor te lopen zo goed mogelijk te benutten, zonder in te boeten op ruimte of licht. Het enige hoge meubelstuk is een glazen boekenkast, waardoor de bibliotheek meer privacy krijgt, zonder dat er licht wordt weggenomen.

Agustí Costa
Berga, Spain
www.agusticosta.com

Location: Vilada, Spain
Area: 185 m² / 1,991 sqft

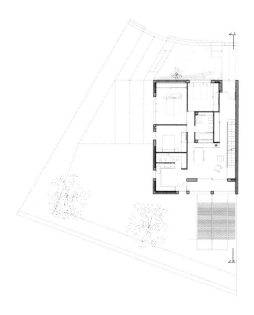

Ground floor

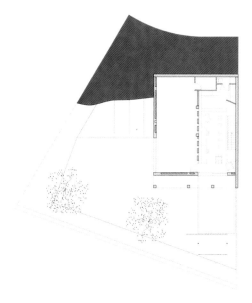

Garden and semi-basement

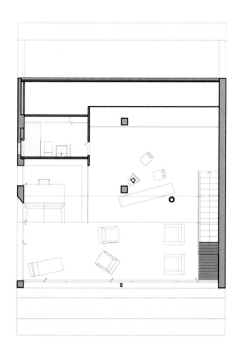

First floor

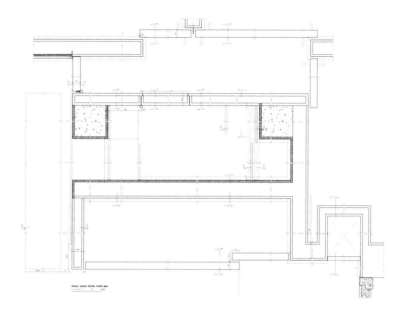

Construction details

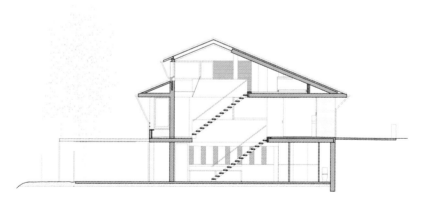

Lengthways section

AR house

© Despacho Maria Almirall

Locating the study in a spacious bedroom allows the rest of the house's occupants have the benefit of more space in the service and communal areas. The irregular design creates many nooks and crannies. The uses for these places is singled out by the furniture and the décor.

Da der Arbeitsbereich in einem geräumigen Schlafzimmer untergebracht wurde, haben die übrigen Bewohner dieses Hauses in den Versorgungs- und Gemeinschaftsbereichen mehr Platz zur Verfügung. Die ungewöhnliche Anordnung erzeugt zahlreiche Ecken und Winkel. Die Nutzung dieser Nischen wird vom Mobiliar und der Dekoration bestimmt und wurde an die Bedürfnisse des Eigentümers angepasst.

L'installation du bureau dans une chambre spacieuse permet aux autres occupants de la maison de bénéficier de plus d'espace dans les zones communes. Le design irrégulier crée une multitude de coins et de recoins. L'utilisation de ces espaces est mise en avant par le mobilier et la décoration, et adaptée aux besoins du propriétaire.

Doordat de studeerkamer een plaats heeft gekregen in een ruime slaapkamer, kunnen de overige bewoners genieten van meer ruimte in de gemeenschappelijke en dienstvertrekken. Het onregelmatige ontwerp zorgt voor vele hoekjes. Het gebruik van deze plekken wordt aangegeven door de meubels en de inrichting en is aangepast aan de wensen van de eigenaar.

@ Maria Almirall, Ramón Robusté (interior design) Tarragona, Spain www.inarq2003.es

Location: Calafell, Spain
Area: 200 m² / 2,691 sqft

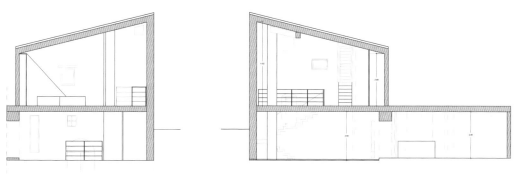

Section

First floor

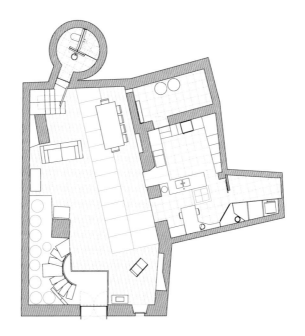

Ground floor

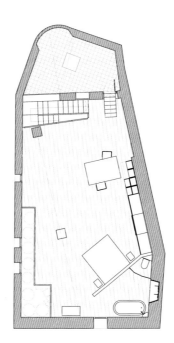

First floor

SF872 house

© Mito Covarrubias

Having fitted out a passage as a study allows a new use to be made of this newly appreciated aforementioned place. Eliminating the walls and rails, leaving only the essential opaque vertical partitions and the occasional piece of furniture reduced to the minimum adds to the feelings of spaciousness and luminosity.

Hier wurde ein Durchgangsbereich zu einem Arbeitszimmer umfunktioniert: so bekommt der ehemalige Flur eine neue Bestimmung und der vorhandene Raum wird optimal ausgenutzt. Nach der Entfernung von Wänden und Geländern sind lediglich die wesentlichen opaken Trennelemente und einzelne Möbelstücke übrig. Das Mobiliar wurde auf ein Minimum reduziert, was das Gefühl von Weite und Helligkeit verstärkt.

Le fait d'avoir équipé un couloir de façon à en faire un bureau permet de doter cet endroit d'une nouvelle utilité et d'exploiter au maximum l'espace disponible. La suppression des murs et des portes, laissant comme seules cloisons verticales les quelques meubles réduits à l'essentiel, renforce la sensation d'espace et de luminosité.

Door een gang in te richten als studeerkamer, kan deze nieuw ontstane zone op een andere manier worden aangewend en kan de beschikbare ruimte zo optimaal mogelijk worden benut. Muren en leuningen zijn weggehaald en alleen de belangrijkste ondoorzichtige verticale wanden zijn behouden gebleven. Het aantal meubels is tot een minimum teruggebracht, waardoor het gevoel van ruimte en licht wordt vergroot.

Agraz Arquitectos
Guadalajara, Jalisco, Mexico
www.agrazarquitectos.com

Location: Guadalajara, Jalisco, Mexico
Area: 256 m² / 2,755 sqft

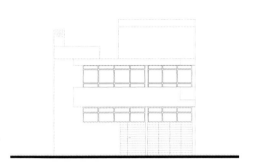

Original elevation

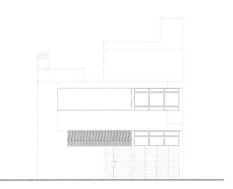

New elevation

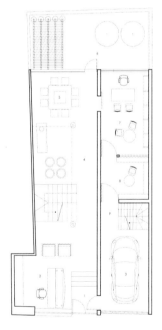

Ground floor

First floor

House in Pfrzheim

© Stefan Müller

The importance and austerity of the workplace, reinforced by the worktables and distinguished by storage units, provide a contrast against the superb view through the large windows, which give the place a relaxing ambience.

Die Wichtigkeit und Kargheit des Arbeitsbereichs, verstärkt durch die Schreibtische und abgegrenzt durch die Aufbewahrungsmodule, bilden einen Gegensatz zum herrlichen Blick durch die großen Fenster, der für ein entspannendes Ambiente sorgt.

La grandeur et l'austérité de l'espace de travail, renforcées par les tables et caractérisées par les diverses unités de rangements, présentent un contraste avec la vue splendide se déployant à travers la large fenêtre, dotant ainsi l'endroit d'une atmosphère apaisante.

De belangrijkheid en de soberheid van de werkruimte, versterkt door de werktafels en de indeling met opbergeenheden, zorgen voor een contrast met het fantastische uitzicht vanuit de grote ramen, waardoor de ruimte een ontspannen sfeer uitademt.

Peter W. Schmidt
Pforzheim, Germany
www.pwschmidt-architekt.de

Location: Pforzheim, Germany
Area: 455 m² / 4,898 sqft

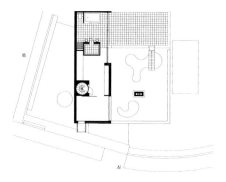

Longitudinal elevation

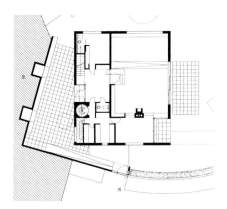

Longitudinal elevation

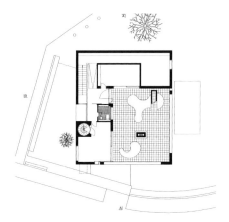

Longitudinal elevation

The Gamma-Issa house

© Arnaldo Pappalardo

The enormous white bookcase is the main feature in this house's lounge which, due to the its owners work also serves as a studio and meeting place. A set of large sliding doors allows the boundaries to be reduced between the different rooms and also to alter the room layouts.

Das riesige, weiße Bücherregal ist das Hauptelement im Wohnbereich dieses Hauses, der aufgrund der Tätigkeit des Eigentümers auch als Arbeitsplatz und Treffpunkt dient. Große Schiebetüren erlauben die Abgrenzung der verschiedenen Räume und die Veränderung deren Grundrisse.

La grande bibliothèque blanche fait la particularité de ce salon qui, étant donné le travail des propriétaires, sert également de studio et de lieu de réunion. De grandes portes coulissantes permettent de réduire le cloisonnement entre les différentes pièces mais aussi de pouvoir modifier l'agencement de celles-ci.

De enorme witte boekenkast is het belangrijkste kenmerk in de salon van dit huis die, dankzij het werk van de eigenaren, dienst doet als studeerkamer en vergaderruimte. Danzij een aantal grote schuifdeuren worden de grenslijnen tussen de verschillende vertrekken vervaagd en kan de indeling van de kamers ook worden veranderd.

Marcio Kogan
São Paulo, Brazil
www.marciokogan.com.br

Location: Alto de Pinheiros, São Paulo, Brazil
Area: 700 m² / 7,535 sqft

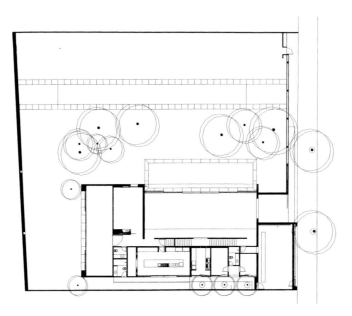

Floor plan

24 hr Home and Office

To create the illusion of organising space into different loft units, the most can me made of the buildings wooden roof structure since this usually follows certain symmetrical guidelines. This allows the open-plan arrangement to be preserved, free of dividing elements but with a certain organisation in the structure.

Um den Eindruck zu erwecken, dass ein Raum in unterschiedliche Einheiten unterteilt wurde, wurde der hölzerne Dachaufbau des Hauses bestens genutzt, da er üblicherweise bestimmten symmetrischen Grundlinien folgt. Auf diese Weise konnte der offene Grundriss erhalten bleiben, der keinerlei Trennelemente aufweist, sondern dem lediglich etwas Struktur verliehen wurde.

Pour donner l'illusion que l'espace est divisé en plusieurs lofts, il est possible d'exploiter la structure en bois du toit, qui suit généralement un certain schéma symétrique. Cela permet de préserver le caractère ouvert de l'agencement, sans aucun élément de séparation, tout en donnant à la structure une certaine organisation.

Om de illusie van een goed georganiseerde ruimte binnen verschillende loft-eenheden teweeg te brengen, kan men maximaal profijt halen uit de houten dakstructuur, aangezien er bepaalde symmetrische richtlijnen worden gevolgd. Daarmee is het oppervlak vrij van scheidingselementen, maar is de structuur wel op een bepaalde manier georganiseerd.

24 h Architecture
Rotterdam, Netherlands
www.24h.eu

Location: Rotterdam, The Netherlands
Area: 1.500 m² / 16,146 sqft

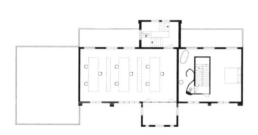

First floor

Ground floor

Second floor

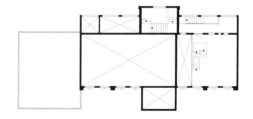

Loft

Front elevation

Rear elevation

Alonso-Marmelstein house

© José María Molinos, Pedro Pegenaute

The rooms are visually connected, both horizontally and vertically, by the transparent floor, walls and table, which also allows the light to freely pass through. This spatial continuity, albeit an optical illusion, reinforces the idea of the home and office being a single concept.

Die Räume sind visuell – sowohl horizontal als auch vertikal – durch transparente Böden, Wände und Tische miteinander verbunden, wodurch das Tageslicht gleichzeitig ungestört einströmen kann. Diese räumliche Kontinuität unterstreicht, auch wenn es sich um eine optische Täuschung handelt, das Konzept von Zuhause und Arbeitsplatz als Einheit.

Les pièces sont visuellement reliées, horizontalement et verticalement, par la transparence du sol, des murs et de la table, qui permet le passage de la lumière. Cette continuité spatiale, bien qu'elle ne soit qu'une illusion d'optique, renforce l'idée selon laquelle le foyer et le bureau ne sont qu'un seul et unique concept.

De vertrekken staan visueel met elkaar in contact, zowel horizontaal als verticaal, door de transparante vloer, wanden en tafel, waardoor licht bovendien vrij spel heeft. Deze ononderbroken ruimtelijkheid versterkt, hoewel het een optische ilusie betreft, het idee van een woning en kantoor als enig concept.

Alonso Balaguer & Arquitectes Associats
Barcelona, Spain
www.alonsobalaguer.com

Completion date: Barcelona, Spain
Area: 1.500 m² / 16,146 sqft

Roof floor

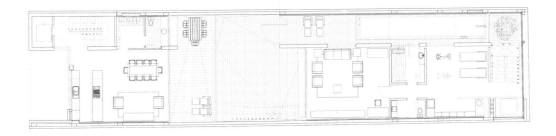

Loft

Vancouver architecture studio

© Helliwell & Smith Blue Sky Architecture

This studio has sufficient work space to accommodate up to five architects and also includes a rest room, small kitchen and a small meeting room. The perfect way to incorporate a studio into the home without changing the way things work is to locate the same in an adjacent building constructed on the patio or in the garden.

Dieses Architekturbüro bietet ausreichend Platz für fünf Architekten und umfasst außerdem eine Toilette, eine kleine Küche und ein kleines Besprechungszimmer. Die ideale Weise, um ein Atelier in das Zuhause zu integrieren, ohne das Leben in den Wohnräumen zu beeinträchtigen, besteht in der Unterbringung der Arbeitsräume in einem Nebengebäude, z. B. am gemeinsamen Innenhof oder im Garten.

Ce studio dispose d'un espace de travail suffisant pour accueillir cinq architectes et comporter une salle de repos, une petite cuisine et une petite salle de réunion. La meilleure façon d'intégrer un studio à la maison sans changer l'organisation de celle-ci est de placer le studio dans un bâtiment adjacent, construit dans la cour ou dans le jardin.

Dit kantoor biedt voldoende werkruimte aan maar liefst vijf architecten en heeft tevens een toilet, kleine keuken en kleine vergaderzaal. De perfecte manier om een werkruimte in een woning onder te brengen, zonder de normale gang van zaken te veranderen, is om deze in een aanbouw in de patio of in de tuin onder te brengen.

 Helliwell & Smith Blue Sky Architecture
Vancouver, Canada
www.blueskyarchitecture.com

Location: Vancouver, Canada
Area: 1.700 m² / 18,299 sqft

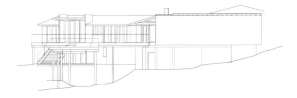

East elevation

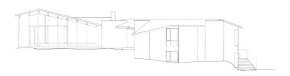

West elevation

North elevation

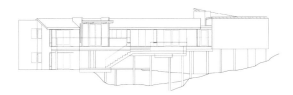

South elevation

BOWEN ISLAND LIBRARY ELEVATIONS